초 등 국 어

한자가
어휘력
이 6단계 다

무엇을 배워요 ?

어떤 한자를 배우나요?

기초 한자(8~6급 수준)를 특별히 고안된 선별 기준에 따라 분류하였습니다.
8~6급 한자가 아니더라도, 우선순위에 따라 상급 한자를 포함하기도 하였습니다.
급수 순서가 아닌 아이가 쉽게 받아들일 수 있는 순서로 배치하였습니다.

1. **초등학교 5~6학년군의 교과서 어휘에 많은 한자**
2. **초등학교 5~6학년 학습자의 일상과 밀접한 한자**

어떤 어휘를 배우나요?

대부분 5~6학년 아이가 학교에서 배우는 교과서 어휘로 구성하였습니다.
학습 어휘로 적절하여 단어의 어근만 제시된 경우도 있습니다.
단어를 이루고 있는 한자를 통해 그 단어의 의미를 더욱 명확히 알고,
더 나아가 그 한자들이 어떤 의미 관계로 단어를 이루는지 깨닫도록 하였습니다.

1. **초등학교 5~6학년군의 교과서 어휘**
2. **초등학교 5~6학년 학습자의 일상과 밀접한 어휘**

교육과정 초등학교 5~6학년군 **성취기준** 연계!

모든 지문은 또래 친구의 생활문이며, 그 내용은 아이가 학교에서 배우는
♥ **초등학교 5~6학년군 성취기준**과 연계하였습니다.
친숙한 주제의 글 속에서 아이는, 단어에 숨어 있는 한자의 의미를 떠올릴 수 있습니다.
아이가 낯선 단어를 만나도 포기하지 않고 유추할 수 있도록 하였습니다.

차근차근 따라가며 성취감을 얻도록 구성!

1~4단계 교재를 통해 단어 안에 특별한 뜻이 있는 한자가 숨어 있음을 알았다면,
5~6단계에서는 한자의 의미를 깊게 궁리하며 단어를 변별하는 능력을 키웁니다.
흥미를 이끄는 일러스트로 한자의 제자 원리와 그 개념까지 알려 줍니다.
국립국어원 <표준국어대사전>과 <한국어기초사전>의 문장을 참고하였습니다.
아이가 주도하여 교재 안팎에서 스스로 학습하는 습관을 들일 수 있습니다.

● 1. 같은 글자 찾기

글자 하나가 있습니다.
이는 두 개의 서로 다른 한자가 읽히는 소리입니다.
세로줄로 나뉜 두 묶음의 단어들에 각각
공통 글자가 들어 있음을 쉽게 찾아냅니다.

☆ 둘 중 하나는 1~5단계에서 이미 배운 한자예요.

공통 글자에는 각각 같은 한자가 숨어 있습니다.
세로줄의 단어들에 공통된 의미가 있음을
아이가 자연스럽게 습득합니다.
그 과정에서, 같은 소리로 읽지만
숨어 있는 한자는 다름을 파악합니다.

● 2. 숨은 한자 알아보기

앞서 아이가 스스로 찾아낸 한자의 정보를 알려 줍니다.
이를 통해 새로 배우는 한자의 기본 개념을 학습합니다.
소리는 같지만 모양과 뜻은 다른 두 한자를 확인하고,
각각의 의미에 대해 더욱 정교히 생각하며 단어를 분별합니다.

☆ 1~4단계 교재도 가지고 있다면, 이번에 새로 배우는 내용을 통해
　이미 배운 한자들은 어떤 제자 원리로 만들어졌는지 살펴보세요.

● 3. 어휘력이 쑥쑥

여러 단어들이 하나의 맥락에서 긴 글을 이루고 있습니다.
그중 목표 한자가 숨어 있는 단어를 찾아냅니다.
긴 글에서 맞닥뜨리는 단어의 의미를
스스로 유추하는 힘을 기릅니다.

☆ 국어사전을 활용하세요! 아이가 국어사전과 가까워집니다.
　＋ 홈페이지에서 활동지 부가자료를 다운로드 하세요.

이렇게 배워요!

차례

긴 글 주제 / 교육과정 성취기준

30일 / 공부 계획표

과학	01 ___월 ___일	02 ___월 ___일	03 ___월 ___일	04 ___월 ___일	05 ___월 ___일
사회	06 ___월 ___일	07 ___월 ___일	08 ___월 ___일	09 ___월 ___일	10 ___월 ___일
학교생활	11 ___월 ___일	12 ___월 ___일	13 ___월 ___일	14 ___월 ___일	15 ___월 ___일
역사	16 ___월 ___일	17 ___월 ___일	18 ___월 ___일	19 ___월 ___일	20 ___월 ___일
일상생활	21 ___월 ___일	22 ___월 ___일	23 ___월 ___일	24 ___월 ___일	25 ___월 ___일
예술	26 ___월 ___일	27 ___월 ___일	28 ___월 ___일	29 ___월 ___일	30 ___월 ___일

들어가며

<초등 국어 한자가 어휘력이다 6단계>는 어떻게 달라졌을까요?

1~4단계는 단어 속에 한자가 숨어 있다는 것을 깨치는 과정이었어요.
한자의 **모양**, **뜻**, **소리**, 그리고 3~4단계에서 추가된 **부수** 정보를 통해서
한자에 대해 배우고, 단어에 그 한자의 뜻이 어떻게 들어 있는지를 확인했지요.

이렇게 1~4단계에서 한자에 재미를 붙이고 한자어의 의미를 몸소 체득했다면,
5~6단계에서는 한 단계 더 나아가 '어휘력'을 키우는 데에 집중합니다.

5단계에서는 단어 하나에 숨어 있는 두 한자의 의미 관계를 통해서 어휘를 확장해 보았어요.
6단계에서는 **소리는 같으나 뜻이 다른 두 한자를 통해** 어휘를 분별하는 능력을 키웁니다.

동 = 동
同   童

'같다, 한가지'라는 뜻을 가진 한자 '한가지 동[同]'과
'아이'라는 뜻을 가진 한자 '아이 동[童]'.

두 한자는 모양과 뜻은 전혀 다르지만 소리가 같아요.

동시 = 동시
同시 ≠ 童시

같은 소리로 읽는 두 단어가 있어요.

하지만 숨어 있는 한자가 다르다면,
두 단어는 서로 다른 단어예요.

숨어 있는 한자를 알면, 서로 다른 뜻인 두 단어를 분별할 수 있어요.

예   그 사람은 농부인 (同시) 童시 에 시인이었다.

예   어른도 동심을 가득 담아 同시 (童시) 를 쓸 수 있다.

이 교재를 통해서 아이는, 소리는 같지만 뜻이 다른 한자들이 있다는 사실을 파악하게 됩니다.
그러면 자연스럽게 초등학교 교과서에 나오는 '동형어'의 개념을 이해할 수 있습니다.
문법적인 개념을 암기가 아닌 경험을 통해 본질적으로 아는 것이지요.

소리는 같지만 한자가 다르기 때문에 두 단어의 뜻도 달라진다는 점을 헤아리다 보면,
한자 하나마다 뜻이 있고 그 한자들이 모인 단어에는 그 뜻들이 모두 숨어 있다는,
'한자는 어휘력이다'의 기본 공식을 아이들이 저절로 파악할 수 있습니다.

그리고 5단계부터는 한자에 어떤 **제자 원리**가 적용되었는지에 대한 정보가 추가되었습니다.
'제자 원리'는 '만들 제'에 '글자 자'를 써서, '글자를 만드는 원리'를 말해요.

한자를 만드는 구성 원리에는 크게 네 가지가 있습니다.

---

① **상형**

높을 고 高

사물의 모양을 그대로 본떠 만든 글자예요.
한자의 모양에서 그 원형의 모양을 찾을 수 있어요.

예 높은 지붕과 전망대가 있는 누각의 모양이에요.

→ 제자 원리: 상형

---

② **지사**

아래 하 下

'상형'이 눈에 보이는 사물을 본떴다면,
'지사'는 눈에 보이지 않는 추상적인 개념을 나타낸 글자예요.

예 땅에서 아래를 가리키는 모양을 나타냈어요.

→ 제자 원리: 지사

---

③ **형성**

때 시 時

두 글자를 합하여 하나의 새로운 글자를 만들었어요.
한 글자의 '뜻'과 다른 글자의 '소리'를 결합했어요.

예 '日'의 뜻[해]과 '寺'의 소리[시]를 가졌어요.

→ 제자 원리: 형성

---

④ **회의**

살필 성 省

두 글자를 합하여 하나의 새로운 글자를 만들었어요.
두 글자의 '뜻'이 모두 모양으로 드러나 더해졌어요.

예 적은 것[少]도 자세히 살펴보는[目] 모양을 합했어요.

→ 제자 원리: 회의

이전 단계의 교재에서 한자 바로 밑에 있던 재미있는 그림, 기억하고 있나요?
우리는 이미 그림과 설명을 통해 한자의 제자 원리를 배우고 있었답니다.
한자의 제자 원리는 아주 오랜 기간에 걸쳐 전해 온 것이라 여러 가지로 해석되기도 해요.

더욱 흥미로운 <초등 국어 한자가 어휘력이다 6단계>로 들어갈 준비가 되었으면,
이제 더 나아가 볼까요?

한자 다시 보기

<초등 국어 한자가 어휘력이다 1단계>

1단원 학교생활

日 날 일
날, 해

入 들 입
들다, 들어가다

大 클 대
크다, 높다

一 한 일
하나

二 두 이
둘

三 석 삼
셋

四 넉 사
넷

口 입 구
입, 드나드는 곳

上 윗 상
위

下 아래 하
아래, 끝

門 문 문
문

2단원 자연

山 메 산
메

江 강 강
강

木 나무 목
나무

火 불 화
불

土 흙 토
흙, 땅

天 하늘 천
하늘, 타고나다

白 흰 백
희다

水 물 수
물

3단원 문학

人 사람 인
사람

王 임금 왕
임금

主 주인 주
주인, 중심

心 마음 심
마음

小 작을 소
작다

力 힘 력
힘

文 글월 문
글월, 글자

4단원 가족

父 아버지 부
아버지

母 어머니 모
어머니

兄 형 형
형

弟 아우 제
아우

男 사내 남
사내, 남자

女 여자 녀
여자, 딸

子 아들 자
아들

寸 마디 촌
마디, 촌수

夫 남편 부
남편,
일을 하는 사람

1단원 과학

한자	뜻과 음	의미
自	스스로 자	스스로
行	다닐 행	다니다, 하다
石	돌 석	돌
中	가운데 중	가운데
言	말씀 언	말씀, 말
正	바를 정	바르다, 바로
不	아닐 불	아니다, 않다

2단원 사회

한자	뜻과 음	의미
才	재주 재	재주
工	장인 공	장인, 기술, 만들다
民	백성 민	백성, 사람
市	시장 시	시장, 사람이 많은 곳
立	설 립	서다, 세우다
東	동녘 동	동쪽
西	서녘 서	서쪽
南	남녘 남	남쪽
北	북녘 북	북쪽
方	네모 방	네모, 방향

3단원 일상생활

한자	뜻과 음	의미
出	날 출	나다, 나가다
月	달 월	달
外	바깥 외	바깥, 밖
古	옛 고	옛날, 오래되다
手	손 수	손
足	발 족	발, 넉넉하다
靑	푸를 청	푸르다, 젊다
金	쇠 금	쇠, 돈

4단원 학교생활

한자	뜻과 음	의미
年	해 년	해, 년
先	먼저 선	먼저
生	날 생	나다, 살다, 신선하다
字	글자 자	글자, 문자
音	소리 음	소리
分	나눌 분	나누다
色	빛 색	빛, 색깔
目	눈 목	눈, 중심

<초등 국어 한자가 어휘력이다 3단계>

1단원 가족	2단원 자연	3단원 사회	4단원 일상생활
家 집 가 집, 전문가	草 풀 초 풀	衣 옷 의 옷	世 인간 세 인간, 세상, 세대
安 편안할 안 편안하다	花 꽃 화 꽃	食 먹을 식 먹다, 음식	事 일 사 일
定 정할 정 정하다	本 뿌리 본 뿌리, 근본	住 살 주 살다, 집	注 부을 주 붓다, 넣다, 두다
交 사귈 교 사귀다, 오고 가다, 서로	村 마을 촌 마을	休 쉴 휴 쉬다	失 잃을 실 잃다, 잘못하다
有 있을 유 있다	果 열매 과 열매, 결과	代 대신할 대 바꾸다, 대신하다, 시대	每 매양 매 매양, 마다
育 기를 육 기르다	明 밝을 명 밝다, 확실하다	作 지을 작 짓다, 만들다	用 쓸 용 쓰다
老 늙을 로 늙다, 오래되다	春 봄 춘 봄	信 믿을 신 믿다, 정보	現 나타날 현 나타나다, 지금
孝 효도 효 효도, 부모를 섬기다	夏 여름 하 여름	光 빛 광 빛, 경치	
	秋 가을 추 가을		
	冬 겨울 동 겨울		

<초등 국어 한자가 어휘력이다 4단계>

1단원 학교생활	2단원 과학	3단원 예술	4단원 사회
名 이름 명 이름	內 안 내 안, 속	在 있을 재 있다, 존재하다	反 돌이킬 반 돌이키다, 거꾸로, 어기다
向 향할 향 향하다, 방향	全 온전할 전 온전하다, 전체	間 사이 간 사이	共 함께 공 함께
同 한가지 동 같다, 한가지	半 반 반 반, 절반	區 구분할 구 갈라 나누다, 구분하다, 구역	公 공평할 공 공평하다, 여러 사람
合 합할 합 합하다	空 빌 공 비다, 없다, 하늘	形 모양 형 모양	式 법 식 법, 방식, 의식
問 물을 문 묻다	角 뿔 각 뿔, 각	前 앞 전 앞, 전	平 평평할 평 평평하다, 고르다, 편안하다
美 아름다울 미 아름답다	多 많을 다 많다	後 뒤 후 뒤	幸 다행 행 좋은 운, 다행
長 길 장 길다, 자라다, 잘하다	計 셀 계 세다, 재다, 헤아리다	左 왼 좌 왼쪽	車 수레 차 수레, 차
身 몸 신 몸, 자신		右 오른 우 오른쪽	軍 군사 군 군사, 군대

★ 어떻게 공부할까요?

하나, 단순히 답만 체크하며 휙휙 넘어가지 말고,
모든 단어와 문장 하나하나를 꼼꼼히 눈으로 읽으며 따라가세요.

둘, **재미있는 놀이처럼** 단어에 숨어 있는 한자의 의미를 짐작해요.
우리 책에서는 한자를 획순대로 쓰는 것에 연연하지 않아도 괜찮아요.

셋, **국어사전에서** 오늘 배운 한자가 들어 있는 단어를 찾아보세요.
내가 제일 좋아하게 될 단어를 발견할 수도 있답니다.

준비됐나요?

과학

다음 글자를 보고,
떠오르는 단어를 자유롭게 말해 보세요.

공부한 날   월   일

① 세로줄의 단어들에 **각각 들어 있는 공통 글자**에 ◯ 하세요.

직**각**
예**각**
둔**각**
다**각**형

각종
각지
각국
각계**각**층

공통 글자를 쓰세요.   **공통 글자를** 쓰세요.

2 세로줄의 단어들에 **각각 숨어 있는 공통 한자**와 **공통 뜻**에 모두 ⭕ 하세요.

직**角**

두 직선이 만나서 이루는 90도의 **각**

예**角**

90도보다 작은 **각**

둔**角**

90도보다 크고
180도보다 작은 **각**

다**角**형

셋 이상의 직선으로 둘러싸여
안쪽에 셋 이상의 **각**이 있는 도형

各종

여러 종류

各지

여러 지역

各국

각각의 **여러** 나라

各계**各**층

사회 **여러** 분야의 **여러** 계층

공통 한자를 따라 쓰세요.

공통 한자를 따라 쓰세요.

※ 뿔 각 ☞ 4단계 62쪽

3 위의 두 한자에 대한 **내용을** 읽고, **괄호 안의 흐린 글자를** 따라 써 설명을 완성하세요.

> 한자 '**角**'과 '**各**'은 둘 다 '(각)'이라고 읽지만 뜻이 달라요.
>
> 단어에 '**角**'이 숨어 있으면 '(뿔)'의 의미가 있고,
>
> 단어에 '**各**'이 숨어 있으면 '(각각, 여러)'의 의미가 있어요.

4 다음 문장에 들어갈 **가장 알맞은 단어에** ◯ 하세요.

☐ 그는 몸을 **직각** **각종** 으로 굽혀 손님들에게 인사했다.

☐ 전국 **예각** **각지** 에서 야생 생물 보호를 위한 환경 운동이 벌어지고 있다.

☐ 세계 **둔각** **각국** 의 대표들이 우리나라에서 회담을 가졌다.

☐ 그는 발이 넓어서 **다각형** **각계각층** 의 사람들과 친분이 있다.

5 아래 글을 읽고, 굵게 표시된 6개의 단어 중
'**各(각각 각)**'이 숨어 있고, '**각각, 여러**'의 뜻이 있는 **4개**의 단어에 ◯ 하세요.

나는 어렸을 때부터 도형에 관심이 많았다. 주위의 **각종** 사물 중에서 **다각형**만 보이면 손으로 가리키면서 "세모", "네모" 했다고 한다. 그래서 부모님께서는 내가 수학자가 될 줄 알았다고 하셨지만, 사실 나는 건축가가 되고 싶다.

방학 때마다 나는 전국 **각지**를 돌아다니면서 건축물을 구경하는데, 특히 건축물을 이루는 **각각**의 요소를 뜯어보는 것이 재미있다. 예를 들어, 똑같은 창문도 네모난 모양은 안정적인 느낌이, **예각** 모양은 날카로운 느낌이 든다.

대학생이 되면 나의 무대를 세계로 넓혀, **각국**의 유명한 건축물들의 모양을 하나하나 살펴보러 다니고 싶다.

오늘 배운 단어 이외에
'**各(각각 각)**'이 숨어 있는 단어를
생각해 보세요.

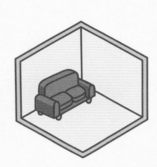

① 세로줄의 단어들에 **각각 들어 있는 공통 글자**에 ◯ 하세요.

공통 글자를 쓰세요.　　　　　　　**공통 글자를 쓰세요.**

2 세로줄의 단어들에 **각각 숨어 있는 공통 한자와 공통 뜻**에 모두 ◯ 하세요.

失격

기준에 맞지 않거나 규칙을 어겨서
자격을 잃음

失례

말이나 행동이 예의에 **벗어남**

失업자

직업이 없거나 직업을 **잃은** 사람

失종자

남은 흔적이나 자취를 **잃어**
간 곳을 알 수 없게 된 사람

공통 한자를 따라 쓰세요.

室외

방이나 건물 따위의 밖

室온

방 안의 온도

교**室**

학교에서
교사가 학생들을 가르치는 **방**

온**室**

식물을 재배하기 위해
온도를 따뜻하게 조절한 **방**

공통 한자를 따라 쓰세요.

※ 잃을 실 ☞ 3단계 126쪽

③ 위의 두 한자에 대한 **내용을** 읽고, **괄호 안의 흐린 글자를** 따라 써 설명을 완성하세요.

한자 '**失**'과 '**室**'은 둘 다 '(실)'이라고 읽지만 뜻이 달라요.

단어에 '**失**'이 숨어 있으면 '(잃다)'의 의미가 있고,

단어에 '**室**'이 숨어 있으면 '(집, 방)'의 의미가 있어요.

④ 다음 문장에 들어갈 **가장 알맞은 단어에** ◯ 하세요.

☐ 올림픽에서 약물을 복용한 선수는 | **실격** | **실외** | 처리를 당한다.

☐ 이 제품은 얼지 않도록 | **실례** | **실온** | 에서 보관하십시오.

☐ 삼촌은 다니던 회사가 망하는 바람에 | **실업자** | **교실** | 신세가 되었다.

☐ 어려움을 겪지 않고 곱게만 자란 사람을 '| **실종자** | **온실** | 속의 화초'라고 한다.

5 아래 글을 읽고, 굵게 표시된 6개의 단어 중
　　'室(집 실)'이 숨어 있고, '집, 방'의 뜻이 있는 4개의 단어에 ◯ 하세요.

　　몇 주 전에 나팔꽃 씨앗이 생겨서 화분에 심어 **교실**에
두고 매일 보살폈는데, 웬일인지 아무런 변화가 없었다.

　　선생님께 여쭈어보니 식물이 잘 자라기 위해서는 적절한
실내 온도가 중요하다고 설명해 주셨다. **실온**이 최소 15도
이상이 되어야 하는데, 겨울철 교실은 밤에 너무 추워서 씨
앗이 자라지 않았던 것이다. 그래서 겨울에는 온도가 따뜻
하게 유지되는 **온실**에서 식물을 키운다고도 덧붙이셨다.

　　이런 **사실**도 모르고 씨앗을 심는 큰 **실수**를 저질렀다.
아무도 없는 교실에서 밤마다 외로이 추위에 떨었을 나팔꽃
씨앗에게 미안한 마음이 들었다.

오늘 배운 단어 이외에
'室(집 실)'이 숨어 있는 단어를
생각해 보세요.

사라질 소

1 세로줄의 단어들에 **각각 들어 있는 공통 글자**에 ◯ 하세요.

⦿식
소포
소규모
축소

공통 글자를 쓰세요.

⦿식
소독
소비자
해소

공통 글자를 쓰세요.

2 세로줄의 단어들에 각각 숨어 있는 **공통 한자**와 **공통 뜻**에 모두 ⚪ 하세요.

 小식
음식을 (적게) 먹음

小포
조그맣게 포장한 물건

小규모
범위나 크기가 **작음**

축**小**
모양이나 규모 따위를 줄여서 **작게** 함

(消)식
(사라졌는지) 살아 있는지
멀리 있는 사람의 상황을 알리는 말

消독
병에 걸리는 것을 막기 위해
균을 **없애는** 일

消비자
돈이나 물건, 시간 따위를
써서 **없애는** 사람

해**消**
어려운 일이나 문제가 되는 상태를
해결하여 **없애 버림**

공통 한자를 따라 쓰세요.

공통 한자를 따라 쓰세요.

小 작다 **소**

消 사라지다, 없애다 **소**

=

물방울[氵]이 흩어지면[肖] 수증기처럼 사라진다는 모양을 합했어요.

→ 제자 원리: **회의**

부수 消 → 氵 → **水**(물 수)

※ 작을 소 ☞ 1단계 98쪽

3 위의 두 한자에 대한 **내용을** 읽고, **괄호 안의 흐린 글자를** 따라 써 설명을 완성하세요.

한자 '**小**'와 '**消**'는 둘 다 '(소)'라고 읽지만 뜻이 달라요.

단어에 '**小**'가 숨어 있으면 '(작다)'의 의미가 있고,

단어에 '**消**'가 숨어 있으면 '(사라지다, 없애다)'의 의미가 있어요.

4 다음 문장에 들어갈 **가장 알맞은 단어에** ◯ 하세요.

☐ 요즈음 건강을 위해 │ **小식** │ **消식** │ 하는 사람들이 늘고 있다.

☐ 미국에 계신 이모로부터 선물이 잔뜩 들어 있는 │ **소포** │ **소독** │ 꾸러미를 받았다.

☐ 변화하는 │ **소규모** │ **소비자** │ 들의 취향을 빠르게 반영하는 제품만이 살아남는다.

☐ 나는 친구와 운동을 하면서 스트레스를 │ **축소** │ **해소** │ 한다.

5 아래 글을 읽고, 굵게 표시된 6개의 단어 중
'消(사라질 소)'가 숨어 있고, '사라지다, 없애다'의 뜻이 있는 4개의 단어에 ◯ 하세요.

아버지께서 집 앞에 새 음식점이 생겼다는 **소식**을 들려
주셨다. 우리 가족은 오랜만에 저녁 외식을 하러 나갔다.

가게 입구에 있던 **소독**제로 손을 닦고, 자리에 앉았다.
요즘 **소화**가 잘 안되신다며 **소식**을 하시는 어머니께서는
샐러드를, 아버지와 나는 고등어구이를 시켰다.

음식이 나오자 아버지께서는 레몬 조각을 짜서 고등어
위에 뿌리셨다. 신맛을 내는 레몬은 **산성**을 띠고 있어서,
정반대 성질을 가진 생선 비린내를 없앨 수 있다고 하셨다.

그동안 생선 요리에 항상 레몬 조각이 함께 나오던 이유
가 궁금했는데, 그 궁금증이 오늘 비로소 **해소**되었다.

오늘 배운 단어 이외에
'消(사라질 소)'가 숨어 있는 단어를
생각해 보세요.

공부한 날   월   일

1 세로줄의 단어들에 **각각 들어 있는 공통 글자에** ⚪ 하세요.

중계
식중독
중단
십중팔구

공통 글자를 쓰세요.

체중계
거중기
중복
중의성

공통 글자를 쓰세요.

❷ 세로줄의 단어들에 **각각 숨어 있는 공통 한자와 공통 뜻에 모두** ◯ 하세요.

(中)계

서로 다른 대상을
가운데에서 이어 줌

식中독

음식물 **가운데** 들어 있는
독성 물질을 먹어서 걸리는 병

中단

어떤 일을 진행하던 **가운데**
멈추거나 그만둠

십中팔구

열 **가운데** 여덟이나 아홉 정도로,
거의 대부분이라는 뜻

체重계

몸의 **무거운** 정도를
재는 데에 쓰는 저울

거重기

예전에, **무거운** 물건을
들어 올리는 데에 쓰던 기계

重복

되풀이하거나 겹침

重의성

한 단어나 문장이 두 가지 이상의
뜻으로 **겹쳐서** 해석될 수 있는 특성

공통 한자를 따라 쓰세요.

공통 한자를 따라 쓰세요.

※ 가운데 중 ☞ 2단계 22쪽

3 위의 두 한자에 대한 **내용을** 읽고, **괄호 안의 흐린 글자를** 따라 써 설명을 완성하세요.

한자 '**中**'과 '**重**'은 둘 다 '(중)'이라고 읽지만 뜻이 달라요.

단어에 '**中**'이 숨어 있으면 '(가운데)'의 의미가 있고,

단어에 '**重**'이 숨어 있으면 '(무겁다, 겹치다)'의 의미가 있어요.

4 다음 문장에 들어갈 **가장 알맞은 단어에** ⭕ 하세요.

☐ 이번 결승전은 텔레비전뿐만 아니라 인터넷을 통해서도 **중계** **체중계** 가 된다.

☐ 여름철에 음식물을 잘못 먹으면 **식중독** **거중기** 에 걸리기 쉽다.

☐ 갑자기 쏟아진 소나기 때문에 야구 경기가 잠시 **중단** **중복** 되었다.

☐ 허풍쟁이로 소문난 그가 하는 말이라면 **십중팔구** **중의성** 거짓말이다.

5 아래 글을 읽고, 굵게 표시된 6개의 단어 중
'重(무거울 중)'이 숨어 있고, '무겁다, 겹치다'의 뜻이 있는 4개의 단어에 ◯ 하세요.

평소와 같이 퇴근하신 아버지께 달려가 폴짝 안겼는데, 아버지께서 나의 무게를 버티지 못하고 넘어지셨다. 앞으로 나를 안으려면 **거중기**가 필요하겠다며 농담을 하셨다.

나는 입을 삐쭉거리며 **체중계**에 올라갔는데 한 달 만에 몸무게가 4 킬로그램이나 늘어 있었다. 나는 깜짝 놀라서 운동 계획을 짜기 시작했다. 살을 빼는 데에 필요한 유산소 운동의 **비중**을 높여서 계획을 짰다. 계획표에 달리기와 수영을 매일 넣었고, 주말에는 등산까지 **중복**해서 넣었다.

오빠는 나의 계획표를 보더니 **십중팔구** 지키지 못할 것 같다고 놀렸지만, 나는 꼭 **실행**할 것이라고 다짐했다.

오늘 배운 단어 이외에
'重(무거울 중)'이 숨어 있는 단어를
생각해 보세요.

번개 전

공부한 날   월   일

1 세로줄의 단어들에 **각각 들어 있는 공통 글자**에 ◯ 하세요.

(전)원	(전)원
전멸	전동
건전	건전지
안전모	충전기

공통 글자를 쓰세요.   **공통 글자를 쓰세요.**

2 세로줄의 단어들에 **각각 숨어 있는 공통 한자와 공통 뜻에 모두** ○ 하세요.

 全원

소속된 사람들의 전체

全멸

모두 다 죽거나 망하여 없어짐

건**全**

생각이나 분위기 등이
건강하고 **온전함**

안**全**모

머리를 온전하게
보호하기 위하여 쓰는 모자

 電원

전기 콘센트 따위와 같이
전류가 흘러나오는 원천

電동

전기의 힘으로 움직임

건**電**지

전류가 흐르는 용액이 마른 상태로
연못과 같이 괴어 있는 장치

충**電**기

전기 에너지를 채워 넣는 데에
쓰는 기구

공통 한자를 따라 쓰세요.

공통 한자를 따라 쓰세요.

全
온전하다,
모두
전

=

電
번개,
전기, 전류 *
전

비[雨]가 올 때
번개가 내려치는[申]
모양을 합했어요.

→ 제자 원리: **회의**

부수 電 → 雨 (비우)

※ 온전할 전 ☞ 4단계 50쪽

* 전류: 전기가 흐르는 현상

③ 위의 두 한자에 대한 **내용을** 읽고, **괄호 안의 흐린 글자를** 따라 써 설명을 완성하세요.

한자 '全'과 '電'은 둘 다 '(전)'이라고 읽지만 뜻이 달라요.

단어에 '全'이 숨어 있으면 '(온전하다, 모두)'의 의미가 있고,

단어에 '電'이 숨어 있으면 '(번개, 전기, 전류)'의 의미가 있어요.

④ 다음 문장에 들어갈 **가장 알맞은 단어에** ◯ 하세요.

☐ 우리 반 스물다섯 명 | 全원 | 電원 | 이 버스에 탑승했다.

☐ 갑작스럽게 정전이 되어서 | 전멸 | 전동 | 열차가 운행을 멈추었다.

☐ 어머니들은 아이들과 함께 보기에 좋은 | 건전 | 건전지 | 영화를 직접 선정했다.

☐ 머리 위로 망치가 떨어졌지만 | 안전모 | 충전기 | 덕분에 크게 다치지 않았다.

5 아래 글을 읽고, 굵게 표시된 6개의 단어 중
'電(번개 전)'이 숨어 있고, '번개, 전기, 전류'의 뜻이 있는 **4개의 단어**에 ⟳ 하세요.

"엄마! 양치하려는데 **전동** 칫솔이 안 켜져요."

"그래? **건전지**가 다 되었나 보다. 지금은 새 건전지가

없으니 잠시 칫솔을 **충전기**에 꽂아 놓으렴."

"네, 엄마. 그런데 꽂았는데도 충전 불이 안 들어와요."

"충전기 뒤에 **전선**을 연결했니?"

"네, 충전기 뒤에 선은 꽂혀 있는데, 충전이 안 돼요."

"아, 전기 콘센트에 플러그를 끼우지 않았구나. 전선을

연결해서 전류가 흐르는 길을 만들어 놓았다 하더라도,

콘센트에 연결해야 전기 자체를 **공급**받을 수 있단다."

"아하! 하나만 없어도 전류가 흐르지 못하는군요!"

오늘 배운 단어 이외에
'電(번개 전)'이 숨어 있는 단어를
생각해 보세요.

1 단어에 숨어 있는 한자가 무엇인지, 뜻풀이를 읽고 둘 중 알맞은 한자에 ○ 하세요.

직 각

直 (角) 各

두 직선이 만나서 이루는
90도의 **각**

소 식

小 消 食

음식을 **적게** 먹음

실 외

失 室 外

방이나 건물 따위의 밖

안 전 모

安 全 電 帽

머리를 **온전하게**
보호하기 위하여 쓰는 모자

십 중 팔 구

十 中 重 八 九

열 **가운데** 여덟이나 아홉 정도로,
거의 대부분이라는 뜻

각 지

角 各 地

여러 지역

혹시 기억이 나지 않는다면, 各 16~19쪽   室 20~23쪽   消 24~27쪽
앞에서 배운 부분을 다시 한번 찾아보세요. 重 28~31쪽   電 32~35쪽

2 다음 단어들을 한글로 쓰고, 옆의 뜻풀이 중 그 한자의 뜻을 따라 쓰세요.

各국 [각국] → 각각의 (여러) 나라

各各 [   ] → (여럿)을 하나씩 떼어 놓은 하나하나

교**室** [   ] → 학교에서 교사가 학생들을 가르치는 (방)

室내 [   ] → (방)이나 건물 따위의 안

消비자 [   ] → 돈이나 물건, 시간 따위를 써서 (없애는) 사람

消화 [   ] → 먹은 음식물이 분해되어 (사라져서)
변화하는 작용

重의성 [   ] → 한 단어나 문장이 두 가지 이상의 뜻으로
(겹쳐서) 해석될 수 있는 특성

비**重** [   ] → 다른 것과 비교했을 때 가지는
(중요성)의 정도

電원 [   ] → 전기 콘센트 따위와 같이
(전류)가 흘러나오는 원천

電선 [   ] → (전류)가 흐르는 선

지난 단계에서 배웠던 '**食**(먹을 식)'과 '**式**(법 식)'이라는 한자를 알고 있나요?

사람이 좋아하는 음식을 담는
그릇의 모양인 '먹을 식'과

'工'의 뜻[장인, 도구, 규칙]과
'弋'의 소리를 가진 '법 식'이에요.

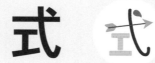

옆의 단어들에는
'먹을 식'이 숨어 있고요,

음식   한식   급식   편식

옆의 단어들에는
'법 식'이 숨어 있어요.

형식   공식   의식   결혼식

위의 두 한자에 대한 내용을 읽고, 괄호 안의 흐린 글자를 따라 써 설명을 완성하세요.
그리고 마지막 줄의 단어 '한식'에 숨어 있는 한자가 둘 중 무엇인지 ◯ 하세요.

한자 '**食**'과 '**式**'은 둘 다 '(식)'이라고 읽지만 뜻이 달라요.

단어에 '**食**'이 숨어 있으면 '(먹다, 음식)'의 의미가 있고,

단어에 '**式**'이 숨어 있으면 '(법, 방식, 의식)'의 의미가 있어요.

☐   단어 '**한식**(뜻: 우리나라 고유의 음식)'에는 한자 `食` `式` 이 숨어 있어요.

2단원 사회

다음 글자를 보고,
떠오르는 단어를 자유롭게 말해 보세요.

공부한 날   월   일

1 세로줄의 단어들에 **각각 들어 있는 공통 글자**에 ⬭ 하세요.

증**명**
현**명**
행방불**명**
성**명**

인**명**
치**명**
구**명**조끼
어**명**

공통 글자를 쓰세요.   공통 글자를 쓰세요.

2 세로줄의 단어들에 각각 **숨어 있는 공통 한자와 공통 뜻**에 모두 ⌣ 하세요.

증

어떤 사실이 진실인지 아닌지
증거를 들어서 (밝힘)

현**明**

어질고 슬기로워 사리에 **밝음**

행방불**明**

간 곳이나 방향이 **확실하지** 않음

성**明**

어떤 일에 대한 자기의 입장을
공개적으로 소리 내어 **밝힘**

공통 한자를 따라 쓰세요.

인

사람의 (목숨)

치**命**

목숨이 위험할 정도의 지경에 이름

구**命**조끼

물에 빠져도 몸이 뜨도록 만들어
목숨을 구하는 조끼

어**命**

임금의 **명령**을 이르던 말

공통 한자를 따라 쓰세요.

2단원 사회 **41**

※ 밝을 명 ☞ 3단계 66쪽

③ 위의 두 한자에 대한 **내용을** 읽고, **괄호 안의 흐린 글자를** 따라 써 설명을 완성하세요.

한자 '**明**'과 '**命**'은 둘 다 '(명)'이라고 읽지만 뜻이 달라요.

단어에 '**明**'이 숨어 있으면 '(밝다, 확실하다)'의 의미가 있고,

단어에 '**命**'이 숨어 있으면 '(목숨, 명령)'의 의미가 있어요.

④ 다음 문장에 들어갈 **가장 알맞은 단어에** ◯ 하세요.

☐ 그 택시 운전사는 | **증명** | **인명** | 사고를 냈기 때문에 면허가 취소되었다.

☐ 공장의 화재는 그에게 | **현명** | **치명** | 적인 손실을 입혔다.

☐ 아들이 며칠째 돌아오지 않자 어머니는 경찰서에 | **행방불명** | **구명조끼** | 신고를 하였다.

☐ 각 시민 단체에서 정부의 갯벌 개발 계획을 반대하는 | **성명** | **어명** | 을 냈다.

5 아래 글을 읽고, 굵게 표시된 6개의 단어 중
'命(목숨 명)'이 숨어 있고, '목숨, 명령'의 뜻이 있는 4개의 단어에 ◯ 하세요.

가족 모두 눈썰매장에 갔다. 키가 100 센티미터 미만인 어린이는 혼자 탈 수 없다고 쓰여 있었는데, 동생의 키가 99 센티미터로 나왔다. 동생은 어제 유치원에서는 분명 100이 었다고 주장했지만 **증명**할 방법이 없었다. 결국 아버지의 **명령**에 따라, 동생은 아버지와 함께 타기로 했다.

눈썰매장에서 흔히 일어나는 **인명** 사고는 옆 사람과의 **충돌** 사고인데, 몸집이 작은 어린아이는 **치명**적인 부상을 입을 수도 있으니 더욱 조심해야 한다. 지난여름 바다에서 조그만 동생이 **구명조끼** 사이로 쏙 빠지는 바람에, 큰일 날 뻔했던 일도 떠올랐다. 나도 더욱 신경 써야겠다.

오늘 배운 단어 이외에
'命(목숨 명)'이 숨어 있는 단어를
생각해 보세요.

1 세로줄의 단어들에 **각각 들어 있는 공통 글자에** ◯ 하세요.

장**시**
대도**시**
시가
시중

장**시**간
실**시**간
시급
임**시**

공통 글자를 쓰세요.   공통 글자를 쓰세요.

2 세로줄의 단어들에 **각각 숨어 있는 공통 한자와 공통 뜻**에 모두 ⭕ 하세요.

장**市**

조선 시대에, 보통 5일마다
넓은 공간에서 열리던 (시장)

대도**市**

정치, 경제, 문화 활동의 중심지로
지역이 넓고 **사람이 많이 사는** 지역

市가

시장에서 상품이 사고팔리는 가격

市중

많은 사람들이
일상적으로 생활하는 곳

장**時**간

오랜 (시간)

실**時**간

실제 흐르는 시간과 같은 **시간**

時급

시간적인 여유가 없이 몹시 급함

임**時**

미리 정하지 않고
그때그때 필요에 따라 정한 것

공통 한자를 따라 쓰세요.　　　　　　　**공통 한자를** 따라 쓰세요.

모양	市	時
뜻	시장, 사람이 많은 곳	때, 시간
소리	시 = 시	

해[**日**]가 규칙[**寺**]에 따라 움직여요. '**日**'의 뜻[해]과 '**寺**'의 소리[시]를 가졌어요.

제자 원리: **형성**

부수 時 → 日(날 일)

※ 시장 시 ☞ 2단계 54쪽

3 위의 두 한자에 대한 **내용을** 읽고, **괄호 안의 흐린 글자를** 따라 써 설명을 완성하세요.

한자 '**市**'와 '**時**'는 둘 다 '(시)'라고 읽지만 뜻이 달라요.

단어에 '**市**'가 숨어 있으면 '(시장, 사람이 많은 곳)'의 의미가 있고,

단어에 '**時**'가 숨어 있으면 '(때, 시간)'의 의미가 있어요.

4 다음 문장에 들어갈 **가장 알맞은 단어에** ◯ 하세요.

☐ 조선 후기에 상업이 발달하면서 전국 곳곳에 | **장시** | **장시간** | 의 수가 크게 늘어났다.

☐ 시골은 점점 비어 가는 반면 | **대도시** | **실시간** | 에는 갈수록 많은 사람들이 몰린다.

☐ 삼촌은 돈이 급하시다며 타고 다니던 중고차를 | **시가** | **시급** | 보다 싸게 되팔았다.

☐ 나는 새로운 회장을 선출하기 전까지만 | **시중** | **임시** | 회장을 맡기로 했다.

5 아래 글을 읽고, 굵게 표시된 6개의 단어 중
'**時(때 시)**'가 숨어 있고, '때, 시간'의 뜻이 있는 4개의 단어에 ⚪ 하세요.

이번 방학에 책을 많이 읽겠다고 다짐했는데 벌써 개학이 코앞에 닥쳤다! **즉시** 한 권이라도 읽으려다, 같이 독서 계획을 짰던 언니에게 대책이 **시급**하다고 일러 주러 갔다.

언니는 **장시간** 가만히 앉아서 **실시간**으로 축구 경기를 시청하고 있었다. 지금 이럴 때가 아니라고 했더니, 언니는 말없이 벽에 붙은 종이를 가리켰다. 종이에는 **시중**에 인기 있는 책 제목들이 적혀 있었다. 자세히 보니 매주 볼 책을 정해 둔 것이었는데, 언니는 이미 다 읽은 상태였다.

언니는 구체적인 **목표**를 세우고 지키면서, 나와는 전혀 다른 방학을 보내고 있었던 것이다. 나도 더 잘할걸!

오늘 배운 단어 이외에
'**時(때 시)**'가 숨어 있는 단어를
생각해 보세요.

① 세로줄의 단어들에 **각각 들어 있는 공통 글자**에 ◯ 하세요.

공통 글자를 쓰세요.

공통 글자를 쓰세요.

2 세로줄의 단어들에 **각각 숨어 있는 공통 한자와 공통 뜻**에 모두 ⚪ 하세요.

 古분

⚪**옛** 시대에 만들어진 무덤

고**古**학

유물과 유적을 통하여
옛 인류에 대해 연구하는 학문

복**古**풍

옛날 모습으로 되돌아간 유행

최**古**

가장 **오래됨**

공통 한자를 **따라 쓰세요.**

高온

⚪**높은** 온도

高랭지

높이가 **높고** 기온이 낮은 지역

초**高**속

더할 수 없을 정도로 매우 **빠른** 속도

최**高**

가장 **높음**. 또는 가장 **뛰어남**

공통 한자를 **따라 쓰세요.**

※ 옛 고 ☞ 2단계 86쪽

3 위의 두 한자에 대한 **내용을** 읽고, **괄호 안의 흐린 글자를** 따라 써 설명을 완성하세요.

한자 '**古**'와 '**高**'는 둘 다 '(고)'라고 읽지만 뜻이 달라요.

단어에 '**古**'가 숨어 있으면 '(옛날, 오래되다)'의 의미가 있고,

단어에 '**高**'가 숨어 있으면 '(높다, 뛰어나다)'의 의미가 있어요.

4 다음 문장에 들어갈 **가장 알맞은 단어에** ⭕ 하세요.

☐ 얼마 전 발견된 신라 시대의 고분 고온 에는 수많은 유물이 묻혀 있었다.

☐ 농부는 여름철에도 서늘한 산지에서 고고학 고랭지 농업을 시작했다.

☐ 30년 전의 복고풍 초고속 옷차림이 요즘 젊은이들 사이에서 큰 인기를 끌고 있다.

☐ 형은 시험에서 최古 최高 점수를 받아 일 등으로 합격하였다.

5 아래 글을 읽고, 굵게 표시된 6개의 단어 중
'**高(높을 고)**'가 숨어 있고, '**높다, 뛰어나다**'의 뜻이 있는 **4개의 단어**에 ○ 하세요.

식탁에 다듬은 배추가 있길래 먹어 보았더니 지금까지 내가 먹어 본 배추 중에 **최고**로 달았다. 할머니께 여쭈니, 높고 한랭한 지역에서 자란 '**고랭지** 배추'라고 하셨다.

우리나라 여름은 평균 25도 이상의 **고온**을 유지하지만, 600미터 이상의 높은 **지대**에 위치한 고랭지는 평균 기온이 20도 내외이고 **일교차**가 크다. 그래서 고랭지 배추는 속이 꽉 차고 단단하여, 신선함이 더욱 오래간다고 한다.

우리나라의 대부분을 차지하고 있는 산지에서는 농사를 짓기가 어려울 것이라고 생각했는데, 이런 **고원**이 오히려 작물이 자라기에 좋은 환경이 될 수 있다는 점이 신기했다.

오늘 배운 단어 이외에
'高(높을 고)'가 숨어 있는 단어를
생각해 보세요.

4

공구

① 세로줄의 단어들에 **각각 들어 있는 공통 글자**에 ⭕ 하세요.

⭕구별
구청
관광특구
지구

공통 글자를 쓰세요.

축**구**⭕
안구
전구
지구본

공통 글자를 쓰세요.

2 세로줄의 단어들에 **각각 숨어 있는 공통 한자와 공통 뜻**에 모두 ◯ 하세요.

별

성질이나 종류에 따라
구분하여 갈라놓음

區청

대도시의 행정 **구역** 단위인
구의 사무를 맡아보는 기관

관광특**區**

관광지 가운데 일정한 범위를 정하여
특별한 권리를 주는 **구역**

지**區**

일정한 목적으로
특별히 지정된 **구역**

공통 한자를 따라 쓰세요.

축

공을 차서 상대편의 골에 넣어
승부를 겨루는 경기

안**球**

눈구멍 안에 박혀 있는
공 모양의 기관

전**球**

전류를 통하여 빛을 내는,
유리로 된 **둥근** 기구

지**球**본

회전할 수 있도록 장치한,
둥근 지구를 본떠 만든 모형

공통 한자를 따라 쓰세요.

※ 구분할 구 ☞ 4단계 86쪽

3 위의 두 한자에 대한 **내용을** 읽고, **괄호 안의 흐린 글자를** 따라 써 설명을 완성하세요.

한자 '**區**'와 '**球**'는 둘 다 '(구)'라고 읽지만 뜻이 달라요.

단어에 '**區**'가 숨어 있으면 '(구분하다, 구역)'의 의미가 있고,

단어에 '**球**'가 숨어 있으면 '(공, 둥근 물체)'의 의미가 있어요.

4 다음 문장에 들어갈 **가장 알맞은 단어에** ◯ 하세요.

☐ 보석상은 진짜 다이아몬드를 가짜와 정확하게 | **구별** | **축구** | 했다.

☐ | **구청** | **안구** | 의 업무 시간은 보통 오전 9시부터 오후 6시까지이다.

☐ 스위치를 누르자 크리스마스트리에 달린 작은 | **관광특구** | **전구** | 에 불이 들어왔다.

☐ 경주는 오랜 역사를 간직한 대표적인 역사 문화 관광 | **지구** | **지구본** | 이다.

5 아래 글을 읽고, 굵게 표시된 6개의 단어 중
'球(공 구)'가 숨어 있고, '공(둥근 물체)'의 뜻이 있는 4개의 단어에 ◯ 하세요.

삼촌이 유럽까지 열차를 타고 갔던 경로를 알려 주겠다며 **지구본**을 찾으셨다. 북한 위의 러시아까지 배를 타고 가면, 유럽까지 가는 열차가 있다고 손가락으로 연결해 보이셨다. 정말 우리나라에서 유럽까지는 **육지**로 이어져 있었다.

삼촌은 키가 **농구** 선수처럼 커서 며칠 동안 타야 했던 열차의 내부가 좁아 불편했지만, **다양**한 사람들과 매일 밤 **안구**가 충혈되도록 신나게 이야기를 나누셨다고 한다.

'남북통일이 되면 우리나라에서 유럽까지 곧바로 열차를 타고 갈 수 있을까?' 하는 생각이 **전구**가 켜지듯 떠올랐다. 삼촌께 여쭈니 그날이 오기를 함께 기다려 보자고 하셨다.

오늘 배운 단어 이외에
'球(공 구)'가 숨어 있는 단어를
생각해 보세요.

5

들을 문

① 세로줄의 단어들에 **각각 들어 있는 공통 글자**에 ⭕ 하세요.

의**문**

고문

신문

문안

공통 글자를 쓰세요.

소**문**

견문

신문

청문회

공통 글자를 쓰세요.

2 세로줄의 단어들에 **각각 숨어 있는 공통 한자와 공통 뜻에** 모두 ⭕ 하세요.

의

의심스러운 (물음)이나 사실

고 問

강제로 알아내기 위하여
고통을 주며 **물음**

신 問

알고 있는 사실을 확인하기 위하여
자세히 파고들어 **물음**

問 안

웃어른께 편안하신지 안부를 **여쭘**

공통 한자를 따라 쓰세요.

소

사람들 입에 오르내려
전하여 (들리는) 말

견 聞

보거나 **들어서**
깨달아 얻은 지식

신 聞

새로운 소식이나 **견문**을
알려 주는 간행물

청 聞 회

어떤 문제에 대한 내용을
듣기 위하여 여는 모임

공통 한자를 따라 쓰세요.

모양 | 問 | 聞
뜻 | 묻다 | 듣다
소리 | 문 (=) 문

문[門]밖에서 안의 소리를
듣기 위해 귀[耳]를 기울이는
모양을 합했어요.

→ 제자 원리: **회의**

부수 聞 → 耳(귀이)

※ 물을 문 ☞ 4단계 26쪽

3 위의 두 한자에 대한 **내용을** 읽고, **괄호 안의 흐린 글자를** 따라 써 설명을 완성하세요.

한자 '**問**'과 '**聞**'은 둘 다 '(문)'이라고 읽지만 뜻이 달라요.

단어에 '**問**'이 숨어 있으면 '(묻다)'의 의미가 있고,

단어에 '**聞**'이 숨어 있으면 '(듣다)'의 의미가 있어요.

4 다음 문장에 들어갈 **가장 알맞은 단어에** ◯ 하세요.

☐ 유명한 가수가 이곳에 온다는 | **의문** **소문** | 이 퍼지자 많은 사람들이 몰려들었다.

☐ 우리 언니는 유럽으로 배낭여행을 떠나 | **고문** **견문** | 을 넓혀서 돌아오겠다고 했다.

☐ 경찰은 그를 범인으로 확신하고 끈질긴 | **신問** **신聞** | 을 했다.

☐ 나는 어렸을 때 할아버지께 아침마다 | **문안** **청문회** | 인사를 드렸다.

5 아래 글을 읽고, 굵게 표시된 6개의 단어 중
'聞(들을 문)'이 숨어 있고, '듣다'의 뜻이 있는 4개의 단어에 ⟲ 하세요.

우리 학교에서 만든 온라인 커뮤니티의 익명 게시판에 어젯밤 **의문**의 글이 올라왔다. 선생님께서 매일 아침마다 **신문**을 읽어 주시며 우리의 **견문**을 쌓아 주시는데, 지수가 바로 그 신문을 훔쳤다는 내용이었다.

다들 사실 확인도 하지 않고 무턱대고 지수를 비난하는 것이 걱정되어 지수에게 전화를 걸어 물어보니, 선생님께서 당번인 지수에게 신문을 버려 달라고 부탁하셨다고 했다.

다음 날 **진실**을 알게 된 친구들은, 근거도 없는 **소문**만 듣고 댓글을 달아서 정말 미안하다며 지수에게 사과했다. 내가 반드시 그 글의 작성자를 **수소문**하여 찾아낼 것이다!

오늘 배운 단어 이외에
'聞(들을 문)'이 숨어 있는 단어를
생각해 보세요.

1 단어에 숨어 있는 한자가 무엇인지, 뜻풀이를 읽고 둘 중 알맞은 한자에 ◯ 하세요.

시 중
(市) 時 中

많은 사람들이
일상적으로 생활하는 곳

초 고 속
超 古 高 速

더할 수 없을 정도로
매우 **빠른** 속도

구 별
區 球 別

성질이나 종류에 따라
구분하여 갈라놓음

문 안
問 聞 安

웃어른께 편안하신지
안부를 **여쭘**

장 시 간
長 市 時 間

오랜 **시간**

인 명
人 明 命

사람의 **목숨**

혹시 기억이 나지 않는다면,
앞에서 배운 부분을 다시 한번 찾아보세요.

命 40~43쪽   時 44~47쪽   高 48~51쪽
球 52~55쪽   聞 56~59쪽

2 다음 단어들을 한글로 쓰고, 옆의 뜻풀이 중 그 한자의 뜻을 따라 쓰세요.

어**命** [　　　] → 임금의 (명령)을 이르던 말

命령 [　　　] → 윗사람이 아랫사람에게 (무엇을 시킴)

임**時** [　　　] → 미리 정하지 않고 (그때그때) 필요에 따라 정한 것

즉**時** [　　　] → 어떤 일이 행하여지는 바로 (그때)

高온 [　　　] → (높은) 온도

高원 [　　　] → (높은) 데에 있는 넓은 벌판

축**球** [　　　] → (공)을 차서 상대편의 골에 넣어 승부를 겨루는 경기

농**球** [　　　] → 상대편의 바스켓에 (공)을 많이 넣으면 이기는 경기

청**聞**회 [　　　] → 어떤 문제에 대한 내용을 (듣기) 위하여 여는 모임

수소**聞** [　　　] → 사람들 입에 오르내려 전하여 (들리는) 말을 두루 찾아 살핌

지난 단계에서 배웠던 '**行**(다닐 행)'과 '**幸**(다행 행)'이라는 한자를 알고 있나요?

사람들이 다니는 사거리의
모양인 '다닐 행'과

行

땅을 함께 방패로 지켜 내
다행인 모양을 나타낸
'다행 행'이에요.

幸

옆의 단어들에는
'다닐 행'이 숨어 있고요,

여행   유행   비행기   행동

옆의 단어들에는
'다행 행'이 숨어 있어요.

행복   행운   불행   다행

위의 두 한자에 대한 내용을 읽고, 괄호 안의 흐린 글자를 따라 써 설명을 완성하세요.
그리고 마지막 줄의 단어 '행복'에 숨어 있는 한자가 둘 중 무엇인지 ◯ 하세요.

한자 '**行**'과 '**幸**'은 둘 다 '(행)'이라고 읽지만 뜻이 달라요.

단어에 '**行**'이 숨어 있으면 '(다니다, 하다)'의 의미가 있고,

단어에 '**幸**'이 숨어 있으면 '(좋은 운, 다행)'의 의미가 있어요.

☐   단어 '**행복**(뜻: 복을 받아 좋은 운)'에는 한자 `行` `幸` 이 숨어 있어요.

학교생활

다음 글자를 보고,
떠오르는 단어를 자유롭게 말해 보세요.

1 세로줄의 단어들에 **각각 들어 있는 공통 글자**에 ◯ 하세요.

공통 글자를 쓰세요.

공통 글자를 쓰세요.

② 세로줄의 단어들에 각각 **숨어 있는 공통 한자와 공통 뜻**에 모두 ◯ 하세요.

 **空**활

텅 (비고) 매우 넓음

空백

아무것도 없이 하얗게 **비어 있음**

空상

실제로 있지 않은 일을
머릿속으로 **헛되이** 생각하는 일

진**空** 포장

음식이 썩지 않도록 공기를 빼내어
완전히 **빈** 상태로 만든 포장

공통 한자를 따라 쓰세요.

 **功**로

어떤 일을 위해 들인
(공(노력과 수고))

功적

공을 들여 이루어 낸 일의 결과

성**功**

공을 들여 목적하는 바를 이룸

형설지**功**

반딧불과 눈의 **공**이라는 뜻으로,
고생 속에서 열심히 공부하는 자세

공통 한자를 따라 쓰세요.

※ 빌 공 👉 4단계 58쪽

*헛되다: 아무런 보람이나 실속이 없다

❸ 위의 두 한자에 대한 **내용을** 읽고, **괄호 안의 흐린 글자를** 따라 써 설명을 완성하세요.

> 한자 '**空**'과 '**功**'은 둘 다 '(공)'이라고 읽지만 뜻이 달라요.
>
> 단어에 '**空**'이 숨어 있으면 '(비다, 헛되다)'의 의미가 있고,
>
> 단어에 '**功**'이 숨어 있으면 '(공, 공로)'의 의미가 있어요.

❹ 다음 문장에 들어갈 **가장 알맞은 단어에** ◯ 하세요.

☐ 가을 하늘은 구름 한 점 없이 **공활** **공로** 했다.

☐ 정부에서는 이순신 장군의 **공백** **공적** 을 기리기 위해 기념관을 세웠다.

☐ 가끔씩 내가 연예인이 되어 유명해지는 즐거운 **공상** **성공** 에 빠지고는 한다.

☐ **진공 포장** **형설지공** 을 하면 남은 음식을 더욱 신선하게 오래 보관할 수 있다.

5 아래 글을 읽고, 굵게 표시된 6개의 단어 중
'功(공로 공)'이 숨어 있고, '공, 공로'의 뜻이 있는 **4개의 단어**에 ◯ 하세요.

선생님께서 발명왕 에디슨의 **공로**를 설명하시던 도중 갑자기 정전이 되었다. **공활**하던 하늘에서 돌연 소나기까지 쏟아지는 바람에 **교실**은 더욱 깜깜해졌다. 우리는 너무 어두워서 공부를 할 수 없다며 엄살을 부렸다.

선생님께서는 반딧불이의 꽁무니에서 나는 노란 빛이나 소복이 쌓인 눈에 비치는 달빛으로 공부한 이도 있었다며, 우리도 그런 **형설지공**의 자세로 책을 보자고 하셨다.

그리고 바로 이런 불편함을 개선하려는 태도에서 발명이 시작되는 것이라면서, 나중에 발명가로 **성공**하는 사람이 생기면 선생님의 **공덕**을 잊지 말아 달라고 부탁하셨다.

오늘 배운 단어 이외에
'功(공로 공)'이 숨어 있는 단어를
생각해 보세요.

1 세로줄의 단어들에 **각각** 들어 있는 공통 글자에 ◯ 하세요.

공통 글자를 쓰세요.　　　　　　공통 글자를 쓰세요.

2 세로줄의 단어들에 **각각 숨어 있는 공통 한자와 공통 뜻**에 모두 ◯ 하세요.

方위

동서남북의 **방향**을 기준으로 한
어떠한 쪽의 위치

일**方**적

어느 한 **방향**으로 치우친 것

方식

일정한 **방법**이나 형식

처**方**

병을 치료하기 위하여
증상에 따라 약을 짓는 **방법**

公通 한자를 따라 쓰세요.

放학

학교에서 정해진 기간 동안
배움을 **놓고** 쉬는 일

放치

무관심하게 **내놓고** 내버려 둠

放출

모아 둔 것을 **내놓아** 널리 제공함

개**放**

문이나 어떠한 공간 따위를 열어서
얽어맨 것을 **놓아** 자유롭게 함

공통 한자를 따라 쓰세요.

<table>
<tr><td>모양</td><td>方</td><td>放</td><td rowspan="3">몽둥이로 쳐서[攵] 다른 방향[方]으로 내보낸다는 모양을 합했어요.
→ 제자 원리: 회의
부수 放 → 攵 → 攴(칠복)</td></tr>
<tr><td>뜻</td><td>네모, 방향, 방법</td><td>놓다, 내놓다</td></tr>
<tr><td>소리</td><td>방</td><td>= 방</td></tr>
</table>

※ 네모 방 ☞ 2단계 66쪽

---

③ 위의 두 한자에 대한 **내용을** 읽고, **괄호 안의 흐린 글자를** 따라 써 설명을 완성하세요.

한자 '**方**'과 '**放**'은 둘 다 '(방)'이라고 읽지만 뜻이 달라요.

단어에 '**方**'이 숨어 있으면 '(네모, 방향, 방법)'의 의미가 있고,

단어에 '**放**'이 숨어 있으면 '(놓다, 내놓다)'의 의미가 있어요.

---

④ 다음 문장에 들어갈 **가장 알맞은 단어에** ◯ 하세요.

☐ 맛집을 찾기 위해 지도에 표시된 [**방위**　**방학**] 대로 가 보았지만 아무것도 없었다.

☐ 고장 난 문을 고치지 않고 그 상태로 [**일방적**　**방치**] 했더니 열 때마다 삐거덕거렸다.

☐ 아버지는 성공하신 후에도 검소한 생활 [**방식**　**방출**] 을 계속해서 유지하셨다.

☐ 의사의 [**처방**　**개방**] 에 따라 약국에 가서 약을 지었다.

5 아래 글을 읽고, 굵게 표시된 6개의 단어 중
'放(놓을 방)'이 숨어 있고, '놓다, 내놓다'의 뜻이 있는 4개의 단어에 ◯ 하세요.

방과 후 나는 매일 친구들과 운동장에서 축구를 하고는 했는데, **방학** 때는 아무것도 안 했더니 온몸이 찌뿌둥했다. 나는 체력도 키우고, 넘치는 나의 에너지를 **방출**하기 위해 함께 뛰놀던 축구 멤버들을 모았다.

학교 운동장을 **개방**하는 시간에 친구들과 만나 축구를 했다. 모두들 나와 같은 **상태**였는지 **방목**된 망아지들처럼 운동장 구석구석을 누비며 실컷 뛰어다녔다.

몸이 자꾸 처지고 무겁게 느껴지던 나에게 가장 알맞은 **처방**이 바로 축구였나 보다. 앞으로도 친구들과 일주일에 삼 일 정도 꾸준하게 만나서 운동을 하기로 했다.

오늘 배운 단어 이외에
'放(놓을 방)'이 숨어 있는 단어를
생각해 보세요.

공부한 날　　월　　일

1 세로줄의 단어들에 **각각 들어 있는 공통 글자**에 ○ 하세요.

과목
효과음
성과
인과응보

과목
교과서
안과
백과사전

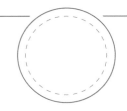

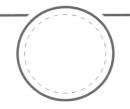

공통 글자를 쓰세요.　　　　　　　**공통 글자를 쓰세요.**

2 세로줄의 단어들에 **각각 숨어 있는 공통 한자와 공통 뜻에 모두** ◯ 하세요.

果목

 열매를 얻기 위하여 가꾸는 나무를
통틀어 이르는 말

효**果**음

실감 나는 **결과**가 드러나도록
장면에 맞추어 넣는 소리

성**果**

잘 이루어 낸 일의 **결과**

인**果**응보

착하거나 나쁘게 행동한 **결과**에 따라서
행운과 불행이 결정되는 일

科목

가르치거나 배워야 할 지식을
분야에 따라 나눈 갈래

교**科**서

학교에서 어떤 **과목**을 가르치려고
만든 책

안**科**

눈에 관계된 병을 치료하는
의학 **분야**

백**科**사전

학문, 예술, 사회 등 모든 **분야**에 관한
지식을 설명해 놓은 책

공통 한자를 따라 쓰세요.

공통 한자를 따라 쓰세요.

果

열매, 결과

과

=

科

과목, 분야 *

과

곡식을 담는 바가지[斗]로 벼[禾]를 헤아려 분류하는 모양을 합했어요.

→ 제자 원리: **회의**

부수 科 → 禾(벼화)

※ 열매 과 ☞ 3단계 62쪽

* **분야**: 여러 갈래로 분류한 부분 중의 하나

---

3 위의 두 한자에 대한 **내용을** 읽고, **괄호 안의 흐린 글자를** 따라 써 설명을 완성하세요.

한자 '**果**'와 '**科**'는 둘 다 '(과)'라고 읽지만 뜻이 달라요.

단어에 '**果**'가 숨어 있으면 '(열매, 결과)'의 의미가 있고,

단어에 '**科**'가 숨어 있으면 '(과목, 분야)'의 의미가 있어요.

---

4 다음 문장에 들어갈 **가장 알맞은 단어에** ◯ 하세요.

☐ 내가 요즈음 제일 좋아하는 [果목 | 科목] 은 수학이다.

☐ 이 게임을 할 때에는 다양한 [효과음 | 교과서] 덕분에 내가 마치 실제 상황에 있는 것 같다.

☐ 지금까지의 [성과 | 안과] 에 만족하지 않고 더 열심히 노력할 것이다.

☐ '흥부와 놀부' 이야기에는 [인과응보 | 백과사전] 의 교훈이 담겨 있다.

5 아래 글을 읽고, 굵게 표시된 6개의 단어 중
'科(과목 과)'가 숨어 있고, '과목, 분야'의 뜻이 있는 4개의 단어에 ◯ 하세요.

　　내가 좋아하는 **과목**인 국어를 공부하려고 책상에 앉아 **교과서**를 펼쳤는데, 천장이 쿵쿵 울렸다. 내가 한 문장을 읽을 때마다 마치 **효과음**처럼 쿵쿵 소리가 계속됐다.

　　어찌해야 할지 인터넷 **백과사전**에서 검색해 보았더니, 시끄럽다고 무조건 층간 소음이 아니라 특정 기준을 넘겨야 하는 등의 **과학**적인 수치가 법으로 정해져 있었다. 그리고 기준을 넘는 심한 소음을 **악의**적으로 발생시키면 '경범죄 처벌법'에 따라 처벌을 받을 수도 있다고 했다.

　　하지만 나는 윗집 사람들이 처벌되길 원한 것은 아니었다. 다만 함께 사는 이웃을 조금 더 배려해 주길 바랐다.

오늘 배운 단어 이외에
'科(과목 과)'가 숨어 있는 단어를
생각해 보세요.

공부한 날   월   일

1 세로줄의 단어들에 **각각 들어 있는 공통 글자에** ⃝ 하세요.

| (교)감 |
| 교역 |
| 외교 |
| 교체 |

공통 글자를 쓰세요.

| (교)감 |
| 교시 |
| 모교 |
| 교정 |

공통 글자를 쓰세요.

2 세로줄의 단어들에 **각각 숨어 있는 공통 한자와 공통 뜻에** 모두 ◯ 하세요.

交감

말로 하지 않아도
서로의 감정이나 생각을 느낌

交역

나라와 나라 사이에서 **서로**
물건을 사고팔고 하여 바꿈

외**交**

다른 나라와 **서로**
정치적, 경제적, 문화적 관계를 맺는 일

交체

사람이나 사물 등을
다른 사람이나 사물로 **서로** 바꿈

공통 한자를 따라 쓰세요.

校감

교장을 도와
학교의 일을 관리하는 사람

校시

학교의 수업 시간을 세는 단위

모**校**

자기가 다니거나 졸업한 **학교**

校정

잘못된 글자 따위를 **바로잡음**

공통 한자를 따라 쓰세요.

※ 사귈 교 ☞ 3단계 22쪽

* 바로잡다: 잘못된 것을 올바르게 고치다

3 위의 두 한자에 대한 **내용을** 읽고, **괄호 안의 흐린 글자를** 따라 써 설명을 완성하세요.

한자 '**交**'와 '**校**'는 둘 다 '(교)'라고 읽지만 뜻이 달라요.

단어에 '**交**'가 숨어 있으면 '(사귀다, 서로)'의 의미가 있고,

단어에 '**校**'가 숨어 있으면 '(학교, 바로잡다)'의 의미가 있어요.

4 다음 문장에 들어갈 **가장 알맞은 단어에** ◯ 하세요.

☐ 우리는 눈빛만으로도 서로의 마음을 알 만큼 **交감** **校감** 을 이루고 있다.

☐ 세계화와 더불어 여러 나라 간의 **교역** **교시** 활동이 증가하고 있다.

☐ 그는 졸업한 지 이십 년 만에 자신의 **외교** **모교** 를 찾아가 장학금을 기부했다.

☐ 그 책은 제대로 **교체** **교정** 되지 않았는지 잘못된 글자가 눈에 많이 띈다.

5 아래 글을 읽고, 굵게 표시된 6개의 단어 중
'校(학교 교)'가 숨어 있고, '학교, 바로잡다'의 뜻이 있는 4개의 단어에 ◯ 하세요.

나는 친구와 이야기를 주고받으며 **교감**하는 걸 좋아해 점심시간마다 미희와 함께 산책을 한다. 오늘 2**교시** 국어 시간에 나는 작가가 되고 싶다고 발표했는데, 미희가 지난 **교내** 독후감 대회에서 내 글을 보고 감명받았다며 "좋은 작가가 되길 바래!" 하고 큰 소리로 응원해 주었다.

그때 옆을 지나가시던 **교감** 선생님께서 '바래'가 아니라 '바라'가 올바른 표현이라고 미희의 말을 **교정**해 주셨다. '바래다'는 색이 변하는 것이고, 어떤 일이 이루어지기를 원하는 것은 '바라다'라고 **설명**하셨다. 그러고는 우리에게 "앞으로 올바른 언어생활을 하길 바라!"라고 외치셨다.

오늘 배운 단어 이외에
'校(학교 교)'가 숨어 있는 단어를
생각해 보세요.

1 세로줄의 단어들에 **각각 들어 있는 공통 글자에** ◯ 하세요.

공통 글자를 쓰세요.

공통 글자를 쓰세요.

2 세로줄의 단어들에 각각 **숨어 있는 공통 한자**와 **공통 뜻**에 모두 ◯ 하세요.

信념

굳게 **믿는** 마음

信임

믿고 일을 맡김

信뢰도

굳게 **믿고** 의지할 수 있는 정도

미**信**

정신이 홀려
과학적인 근거가 없는 것을 **믿음**

공통 한자를 따라 쓰세요.

新종

새로운 종류

新임

새로 일이나 직책을 맡게 된 사람

新선도

새롭고 산뜻한 정도

혁**新**

오래된 습관, 조직, 방법 따위를
완전히 바꾸어서 **새롭게** 함

공통 한자를 따라 쓰세요.

※ 믿을 신 ☞ 3단계 102쪽

③ 위의 두 한자에 대한 **내용을** 읽고, **괄호 안의 흐린 글자를** 따라 써 설명을 완성하세요.

한자 '**信**'과 '**新**'은 둘 다 '(신)'이라고 읽지만 뜻이 달라요.

단어에 '**信**'이 숨어 있으면 '(믿다)'의 의미가 있고,

단어에 '**新**'이 숨어 있으면 '(새롭다, 새로)'의 의미가 있어요.

④ 다음 문장에 들어갈 **가장 알맞은 단어에** ◯ 하세요.

☐ 할아버지께서 가장 중요하게 생각하시는 **신념** **신종** 은 '사랑'이다.

☐ **信임** **新임** 한 시장은 이전 시장과는 달리 주민들의 화목을 매우 강조했다.

☐ 과자에서 이물질이 발견되자 그 회사에 대한 **신뢰도** **신선도** 가 급격하게 떨어졌다.

☐ 컴퓨터의 도입으로 우리 생활에는 **미신** **혁신** 적인 변화가 일어났다.

5 아래 글을 읽고, 굵게 표시된 6개의 단어 중
'新(새 신)'이 숨어 있고, '새롭다, 새로'의 뜻이 있는 4개의 단어에 ◯ 하세요.

학교에서 농촌 체험을 하러 **근교** 양계장에 갔다. 시골의 오래된 작은 닭장을 떠올렸는데, 입구를 지나가면 소독도 해 주고, 청소도 자동으로 되는 **최신식** 시설이었다. 작년에 **신종** 바이러스로 닭이 많이 줄어, 새로 구비되었다고 한다.

아저씨께서 지금 막 낳아 따끈한 달걀을 내주시며, 유통 과정을 거치지 않아 **신선도**가 아주 뛰어나기 때문에 날것으로 먹어도 된다고 하셨다. 먹어 보니 이렇게 고소할 수가!

나는 달걀을 특히 좋아해서 매일 **혁신**적인 달걀 요리법을 고민하는데, 이렇게 **기본**이 되는 재료 자체가 훌륭하면 특별한 요리법이 필요하지 않겠다는 생각까지 들었다.

오늘 배운 단어 이외에
'新(새 신)'이 숨어 있는 단어를
생각해 보세요.

① 단어에 숨어 있는 한자가 무엇인지, 뜻풀이를 읽고 둘 중 알맞은 한자에 ○ 하세요.

공 백
(空) 功 白

아무것도 없이 하얗게 **비어** 있음

모 교
母 交 校

자기가 다니거나 졸업한 **학교**

신 임
信 新 任

새로 일이나 직책을
맡게 된 사람

성 과
成 果 科

잘 이루어 낸 일의 **결과**

방 출
方 放 出

모아 둔 것을 **내놓아**
널리 제공함

성 공
成 空 功

공을 들여 목적하는 바를 이룸

혹시 기억이 나지 않는다면, 앞에서 배운 부분을 다시 한번 찾아보세요.

功 64~67쪽　放 68~71쪽　科 72~75쪽
校 76~79쪽　新 80~83쪽

2 다음 단어들을 한글로 쓰고, 옆의 뜻풀이 중 그 한자의 뜻을 따라 쓰세요.

功적 ☐ → (공)을 들여 이루어 낸 일의 결과

功덕 ☐ → 착한 일을 하여 쌓은 (공)과 어진 덕

放치 ☐ → 무관심하게 (내놓고) 내버려 둠

放목 ☐ → 가축을 우리에 가두지 않고 (놓아)기르는 일

안科 ☐ → 눈에 관계된 병을 치료하는 의학 (분야)

科학 ☐ → 세상 이치를 (분야)별로 나누어 탐구하는 학문

校정 ☐ → 잘못된 글자 따위를 (바로잡음)

校내 ☐ → (학교)의 안

혁新 ☐ → 오래된 습관, 조직, 방법 따위를 완전히 바꾸어서 (새롭게)함

최新식 ☐ → 가장 (새로운) 방법

지난 단계에서 배웠던 '金(쇠 금)'과 '今(이제 금)'이라는 한자를 알고 있나요?

쇠를 녹이는 용광로의
모양인 '쇠 금'과

金

여러 세월이 모여 지금에 이르렀다는
모양을 합한 '이제 금'이에요.

今

옆의 단어들에는
'쇠 금'이 숨어 있고요,

금고　　입**금**　　성**금**　　저**금**통

옆의 단어들에는
'이제 금'이 숨어 있어요.

금방　　**금**세　　**금**년　　**금**시초문

위의 두 한자에 대한 내용을 읽고, 괄호 안의 흐린 글자를 따라 써 설명을 완성하세요.
그리고 마지막 줄의 단어 '금고'에 숨어 있는 한자가 둘 중 무엇인지 ◯ 하세요.

한자 '**金**'과 '**今**'은 둘 다 '(금)'이라고 읽지만 뜻이 달라요.

단어에 '**金**'이 숨어 있으면 '(쇠, 돈)'의 의미가 있고,

단어에 '**今**'이 숨어 있으면 '(이제, 지금)'의 의미가 있어요.

☐　단어 '**금고**(뜻: 돈을 보관하는 창고)'에는 한자 [金　今] 이 숨어 있어요.

역사

다음 글자를 보고,
떠오르는 단어를 자유롭게 말해 보세요.

사

① 세로줄의 단어들에 **각각 들어 있는 공통 글자**에 ◯ 하세요.

공통 글자를 쓰세요.   공통 글자를 쓰세요.

2 세로줄의 단어들에 각각 **숨어 있는 공통 한자와 공통 뜻**에 모두 ◯ 하세요.

死형

죄인을 **죽이는** 형벌

필死적

반드시 **죽기**를 각오하고
힘을 다하는 것

死장

어떤 것을 필요한 곳에
제대로 쓰지 않고 감춤

결死

죽기를 각오하고
있는 힘을 다할 것을 결심함

社회

가족, 회사, 국가 등
여럿이 모여 생활을 하는 사람들의 집단

社교적

여러 사람과 쉽게 잘 사귀는 것

社장

여러 사람이 모여 사업하는 회사를,
대표하는 사람

결社

공동의 목적을 이루기 위하여
여러 사람이 모여서 만든 단체

공통 한자를 따라 쓰세요.

공통 한자를 따라 쓰세요.

모양	死	社

死
죽다

社
(여러 사람이)
모이다

사 = 사

땅[土]의 신에게 제사[示]를
지내기 위해 여러 사람이
모인 모양을 합했어요.

→ 제자 원리: 회의

부수 社 → 示(보일 시)

※ 죽을 사 ☞ 5단계 140쪽

3 위의 두 한자에 대한 **내용을** 읽고, **괄호 안의 흐린 글자를** 따라 써 설명을 완성하세요.

한자 '**死**'와 '**社**'는 둘 다 '(사)'라고 읽지만 뜻이 달라요.

단어에 '**死**'가 숨어 있으면 '(죽다)'의 의미가 있고,

단어에 '**社**'가 숨어 있으면 '(여러 사람이 모이다)'의 의미가 있어요.

4 다음 문장에 들어갈 **가장 알맞은 단어에** ◯ 하세요.

☐ 나 혼자 잘살 생각만 하지 않고 [**사형** **사회**] 에 도움이 되는 일을 하고 싶다.

☐ 내 동생은 대중을 사로잡을 정도로 [**필사적** **사교적**] 인 성격이다.

☐ 거센 파도에 배가 침몰하여 귀한 보물들이 모두 바닷속으로 [**死장** **社장**] 되었다.

☐ 나라를 빼앗기게 되자 전국에서 독립을 위한 비밀 [**결死** **결社**] 가 조직되었다.

5 아래 글을 읽고, 굵게 표시된 6개의 단어 중
'社(모일 사)'가 숨어 있고, '여러 사람이 모이다'의 뜻이 있는 4개의 단어에 ◯ 하세요.

일본이 우리나라를 차지하려고 탄압하던 1907년, 대한의
독립운동가들은 '신민회'라는 비밀 **결사**를 만들었다.

신민회는 우리나라가 **자주적**으로 독립할 수 있도록 여
러 방면에서 **필사적**인 노력을 했다. 학교를 세워 국민들을
교육했고, **회사**를 만들어 경제력을 키우려고 했으며, 강한
군대를 길러 내는 데에도 중점을 두었다. 또 "대한매일신보"
신문사의 **사장** 등 여러 지식인과 함께 **사회** 전반에 우리
스스로의 힘을 길러야 한다는 사상을 불어넣었다.

몇 년 후에 일본의 음모로 신민회는 결국 해체되었지만,
그들의 활동은 이후 독립군 전쟁의 실질적인 바탕이 되었다.

오늘 배운 단어 이외에
'社(모일 사)'가 숨어 있는 단어를
생각해 보세요.

1 세로줄의 단어들에 **각각 들어 있는 공통 글자에** ⭕ 하세요.

(자)습
자취
자존심
자립심

공통 글자를 쓰세요.

보행(자)
주동**자**
선구**자**
동반**자**

공통 글자를 쓰세요.

2 세로줄의 단어들에 **각각 숨어 있는 공통 한자와 공통 뜻에 모두** ◯ 하세요.

自습

혼자의 힘으로 스스로 배워서 익힘

自취

스스로 밥을 지어 먹으면서 생활함

自존심

자신을 **스스로** 높이려는 마음

自립심

남에게 의지하지 않고
자기 **스스로** 서서 해내려는 마음

보행**者**

길거리를 걸어 다니는 **사람**

주동**者**

어떤 일에 주인이 되어 움직이는 **사람**

선구**者**

다른 사람보다 앞서가는 **사람**

동반**者**

짝이 되어 함께하는 **사람**

공통 한자를 따라 쓰세요.

공통 한자를 따라 쓰세요.

모양	自	者	者
뜻	스스로	사람, 놈*	노인[耂]이 아랫사람에게 '이놈' 하고 말하는[白] 모양을 합했어요.
소리	자	= 자	→ 제자 원리: **회의**

부수 者 → 耂
→ 老 (늙을로)

※ 스스로 자 ☞ 2단계 10쪽

*놈: '사람'을 친근하게 혹은 낮추어 이르는 말

3 위의 두 한자에 대한 **내용을** 읽고, **괄호 안의 흐린 글자를** 따라 써 설명을 완성하세요.

한자 '**自**'와 '**者**'는 둘 다 '(자)'라고 읽지만 뜻이 달라요.

단어에 '**自**'가 숨어 있으면 '(스스로)'의 의미가 있고,

단어에 '**者**'가 숨어 있으면 '(사람, 놈)'의 의미가 있어요.

4 다음 문장에 들어갈 **가장 알맞은 단어에** ◯ 하세요.

☐ 운전자들은 | **자습** | **보행자** | 의 안전을 먼저 생각하는 운전 습관을 길러야 한다.

☐ 사촌 오빠는 지방에 살다가 서울로 오면서 | **자취** | **주동자** | 생활을 시작했다.

☐ 우리는 모두가 더 나은 세상을 만들기 위한 | **자존심** | **선구자** | 역할을 해야 한다.

☐ 내 동생은 | **자립심** | **동반자** | 부족으로, 혼자서는 작은 결정도 내리지 못한다.

5 아래 글을 읽고, 굵게 표시된 6개의 단어 중
'者(사람 자)'가 숨어 있고, '사람, 놈'의 뜻이 있는 4개의 단어에 ○ 하세요.

나라를 잃게 되면 어떤 마음이 들까? 내가 태어나고 죽을 때까지 함께하는 **동반자** 같은 나라를 잃게 된다는 건 어떤 의미일까? 유관순 열사의 전기를 읽고 든 생각이었다.

1919년 3월 첫째 날, 유관순 열사는 우리나라의 **독립**을 외치는 만세 운동의 적극적인 **참가자**였다. 그 이후 아우내 장터에서도 만세 시위를 벌이다 **주동자**로 체포되어, 감옥에서까지 독립을 외치다가 18세의 나이에 **옥사**하였다.

나는 무척 슬프고, 가슴이 뜨거워졌다. 유관순 열사에게 나라는 목숨과도 바꿀 수 없는 귀중한 것이었다. 그 모습을 본받아 나도 나라 사랑의 **선구자**가 되겠다고 다짐했다.

오늘 배운 단어 이외에
'者(사람 자)'가 숨어 있는 단어를
생각해 보세요.

1 세로줄의 단어들에 **각각 들어 있는 공통 글자**에 ◯ 하세요.

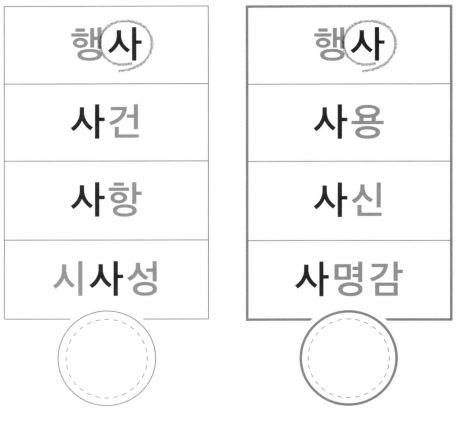

행⟨사⟩	행⟨사⟩
사건	사용
사항	사신
시사성	사명감

공통 글자를 쓰세요.   공통 글자를 쓰세요.

2 세로줄의 단어들에 각각 숨어 있는 공통 한자와 공통 뜻에 모두 ◯ 하세요.

행**事**

목적이나 계획을 가지고 행하는 일

事건

사회적으로 문제를 일으키거나
주목을 받을 만한 뜻밖의 **일**

事항

어떤 **일**을 이루는 항목이나 내용

시**事**성

당시에 일어난 여러 **사건**이
속에 품고 있는 그 시대의 성격

공통 한자를 따라 쓰세요.

행**使**

부려서 씀

使용

일정한 목적이나 기능에 맞게
부리어 씀

使신

외국에 가서 임무를 수행하는,
임금이나 국가의 **심부름꾼**

使명감

심부름꾼으로서 받은 명령을
잘 수행하려는 마음가짐

공통 한자를 따라 쓰세요.

모양	事	使
뜻	일	부리다,* 심부름꾼
소리	사	=	사

도구를 손에 쥔[史] 관리 [—]가 사람[1]을 부리는 모양을 합했어요.

→ 제자 원리: 회의

부수 使 → 1
→ 人(사람 인)

* 부리다: 다른 사람으로 하여금 일을 하게 하다

※ 일 사 ☞ 3단계 118쪽

3 위의 두 한자에 대한 **내용을** 읽고, **괄호 안의 흐린 글자를** 따라 써 설명을 완성하세요.

한자 '**事**'와 '**使**'는 둘 다 '(사)'라고 읽지만 뜻이 달라요.

단어에 '**事**'가 숨어 있으면 '(일)'의 의미가 있고,

단어에 '**使**'가 숨어 있으면 '(부리다, 심부름꾼)'의 의미가 있어요.

4 다음 문장에 들어갈 **가장 알맞은 단어에** ◯ 하세요.

☐ 어떤 이유에서라도 폭력을 | **행事** | **행使** | 한 것은 용서받을 수 없다.

☐ 경찰은 주민들로부터 강도 | **사건** | **사용** | 당시의 목격담을 들었다.

☐ 물건을 운반할 때 유의할 | **사항** | **사신** | 에 대해 알려 드리겠습니다.

☐ | **시사성** | **사명감** | 이 반영된 그 다큐멘터리는 오늘날의 환경 문제를 다루고 있다.

5 아래 글을 읽고, 굵게 표시된 6개의 단어 중
'使(부릴 사)'가 숨어 있고, '부리다, 심부름꾼'의 뜻이 있는 4개의 단어에 ◯ 하세요.

우리나라는 아주 예전부터 **사신**을 통해서 다른 나라와 활발한 경제적, 사회적, 문화적 **교류**를 이어 왔다고 한다. 덕분에 오늘날 나는 집 밖을 나가지 않아도 **다양**한 나라의 물건들을 경험할 수 있다. 지금도 나는 중국에서 만든 옷을 입고, 독일에서 제조한 볼펜을 **사용**하고 있다.

이렇게 세계적 교류가 활발해지는 것을 보며, 나도 대한 민국 국민으로서 **사명감**을 느끼게 되었다. 많은 나라에서 우리나라의 좋은 것들을 알 수 있도록, 우리나라의 문화를 널리 알리는 외교 **대사**가 되어 대한민국의 이름을 당당히 드높이고 싶다는 꿈이 생겼다.

오늘 배운 단어 이외에
'使(부릴 사)'가 숨어 있는 단어를
생각해 보세요.

1 세로줄의 단어들에 **각각 들어 있는 공통 글자**에 ◯ 하세요.

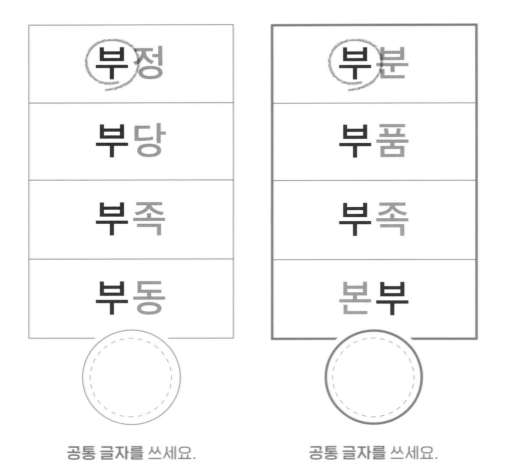

(부)정
부당
부족
부동

공통 글자를 쓰세요.

(부)분
부품
부족
본부

공통 글자를 쓰세요.

2 세로줄의 단어들에 각각 **숨어 있는 공통 한자와 공통 뜻에 모두** 〇 하세요.

 **不**정

올바르지 **않음**

不당

이치에 맞지 **않음**

不족

필요한 양이나 기준에 미치지 못해
넉넉하지 **않음**

不동

생각이나 의지가
흔들리지 **않음**

공통 한자를 따라 쓰세요.

 部분

전체를 이루고 있는
작은 떼 중 하나

部품

기계 따위의 전체 중
어떤 **부분**을 이루고 있는 물품

部족

같은 조상, 언어 등을 가지고 모여 살며
원시 사회를 이루는 **집단**

본**部**

어떤 기관이나 단체를 이루는
중심이 되는 **집단**

공통 한자를 따라 쓰세요.

※ 아닐 불/부 ☞ 2단계 34쪽

3 위의 두 한자에 대한 **내용을** 읽고, **괄호 안의 흐린 글자를** 따라 써 설명을 완성하세요.

한자 '**不**'와 '**部**'는 둘 다 '(부)'라고 읽지만 뜻이 달라요.

단어에 '**不**'가 숨어 있으면 '(아니다, 않다)'의 의미가 있고,

단어에 '**部**'가 숨어 있으면 '(떼, 집단)'의 의미가 있어요.

4 다음 문장에 들어갈 **가장 알맞은 단어에** ◯ 하세요.

☐ 아버지께서 사과의 썩은 │ **부정** │ **부분** │ 을 잘라 내셨다.

☐ 회사가 아무런 이유 없이 직원을 해고하는 것은 │ **부당** │ **부품** │ 행위이다.

☐ 원시 사회에서 가족 중심으로 모여 살던 집단이 커져 │ **不족** │ **部족** │ 을 이루게 되었다.

☐ 움직일 수 없는 땅이나 건물 같은 재산을 '│ **부동** │ **본부** │ 산'이라고 한다.

5 아래 글을 읽고, 굵게 표시된 6개의 단어 중
'部(떼 부)'가 숨어 있고, '떼, 집단'의 뜻이 있는 4개의 단어에 ◯ 하세요.

사람이 되고 싶었던 곰과 호랑이는 동굴에서 백 일 동안 쑥과 마늘만 먹으며 견뎌야 했다. 호랑이는 **중간**에 포기를 하고 곰은 끝까지 남아 '웅녀'가 되었는데, 웅녀는 하늘에서 내려온 '환웅'과 **부부**가 되어 '단군'을 낳았다.

이 이야기는 한반도 최초의 국가 '고조선'을 세운 단군의 신화이다. 단군은 여러 **부족**들을 통합하여 하나의 나라를 세우고, 중심 **본부** 역할을 하는 곳을 '아사달'로 정했다.

그런데 곰이나 호랑이가 나오는 **부분**은 실제가 아니라, 각각 곰과 호랑이를 믿는 부족을 의미한다고 한다. 이렇게 **대부분**의 신화는 비유적으로 표현된다는 특징이 있다.

오늘 배운 단어 이외에
'部(떼 부)'가 숨어 있는 단어를
생각해 보세요.

5

귀신 신

1 세로줄의 단어들에 **각각 들어 있는 공통 글자**에 ◯ 하세요.

⟨신⟩장
신분
은**신**처
만**신**창이

⟨신⟩화
신동
수호**신**
신격화

공통 글자를 쓰세요.   공통 글자를 쓰세요.

2 세로줄의 단어들에 각각 숨어 있는 공통 한자와 공통 뜻에 모두 ◯ 하세요.

장

사람이나 동물이 똑바로 섰을 때의
몸의 길이

身분

몸을 구분해 놓은 것으로,
개인이 사회에서 가지는 위치나 자리

은**身**처

몸을 숨기는 곳

만**身**창이

온몸이 상처투성이가 됨

화

신 같은 존재에 대한
신비스러운 이야기

神동

신의 아이라는 뜻으로,
재주가 남달리 특출한 아이

수호**神**

국가, 민족, 개인 등을
지키고 보호하여 주는 신

神격화

어떤 대상을
신의 자격을 가진 것으로 만듦

공통 한자를 따라 쓰세요.

공통 한자를 따라 쓰세요.

<table>
<tr><td>모양</td><td>身</td><td></td><td>神</td></tr>
<tr><td>뜻</td><td>몸</td><td></td><td>귀신, 신</td></tr>
<tr><td>소리</td><td>신</td><td>=</td><td>신</td></tr>
</table>

번개[**申**]를 내려치는 것은 신의 일이에요. '**示**'의 뜻[신께 지내는 제사]과 '**申**'의 소리[신]를 가졌어요.

↳ 제자 원리: **형성**

부수 神 → 示(보일 시)

※ 몸 신 ☞ 4단계 38쪽

3 위의 두 한자에 대한 **내용을** 읽고, **괄호 안의 흐린 글자를** 따라 써 설명을 완성하세요.

한자 '**身**'과 '**神**'은 둘 다 '(신)'이라고 읽지만 뜻이 달라요.

단어에 '**身**'이 숨어 있으면 '(몸)'의 의미가 있고,

단어에 '**神**'이 숨어 있으면 '(귀신, 신)'의 의미가 있어요.

4 다음 문장에 들어갈 **가장 알맞은 단어에** ◯ 하세요.

☐ 첫째 형과 막냇동생은 | **신장** **신화** | 차이가 많이 난다.

☐ 그는 세 살 때부터 글을 읽어서 | **신분** **신동** | 으로 불렸다고 한다.

☐ 경찰은 수개월의 조사 끝에 범인들이 숨어 있는 | **은신처** **수호신** | 의 위치를 알아냈다.

☐ 나는 물건을 험하게 쓰는 편이라 새 휴대폰이 벌써 | **만신창이** **신격화** | 가 됐다.

5 아래 글을 읽고, 굵게 표시된 6개의 단어 중
'神(귀신 신)'이 숨어 있고, '귀신, 신'의 뜻이 있는 **4개의 단어에** ◯ 하세요.

어머니께서 인도인 손님이 드실 비빔밥에만 고기를 넣지 않으셨다. 혹시 그분이 힌두교라서 넣지 않으신 것이냐고 여쭈어보니, 맞다고 하시며 나에게 **신통**하다고 하셨다.

힌두교 **신화**에 따르면 소는 신이 타고 다니는 동물이다. 이처럼 소를 **신격화**하는 힌두교에서는 소를 먹지 않는다. 하지만 이에는 당시 인도의 **인구**가 급격하게 증가하면서, 농사나 우유 생산에 큰 도움을 주는 소를 먹지 않고 키우는 것이 더욱 효율적이었다는 사회적 **배경**도 깔려 있다.

그런데 나는 아무리 소가 나의 **수호신**이라 해도 맛있는 소고기는 포기하지 못할 것 같다.

오늘 배운 단어 이외에
'神(귀신 신)'이 숨어 있는 단어를
생각해 보세요.

1 단어에 숨어 있는 한자가 무엇인지, 뜻풀이를 읽고 둘 중 알맞은 한자에 ○ 하세요.

부　　정

(不) 部　正

올바르지 **않음**

사　　장

死 社　長

여러 사람이 모여 사업하는
회사를, 대표하는 사람

자　　립심

自 者 立 心

남에게 의지하지 않고
자기 **스스로** 서서 해내려는 마음

신　　분

身 神　分

몸을 구분해 놓은 것으로,
개인이 사회에서 가지는
위치나 자리

사　　용

事 使 用

일정한 목적이나 기능에 맞게
부리어 씀

본　　부

本 不 部

어떤 기관이나 단체를 이루는
중심이 되는 **집단**

혹시 기억이 나지 않는다면,
앞에서 배운 부분을 다시 한번 찾아보세요.

社 88~91쪽　者 92~95쪽　使 96~99쪽
部 100~103쪽　神 104~107쪽

2 다음 단어들을 한글로 쓰고, 옆의 뜻풀이 중 그 한자의 뜻을 따라 쓰세요.

社교적 〔　　　〕 → (여러 사람)과 쉽게 잘 사귀는 것

회**社** 〔　　　〕 → 사업을 통해 이익을 얻기 위하여
(여러 사람)이 모여 만든 단체

보행**者** 〔　　　〕 → 길거리를 걸어 다니는 (사람)

참가**者** 〔　　　〕 → 모임이나 경기, 행사 등의 자리에 가서
함께하는 (사람)

행**使** 〔　　　〕 → (부려서) 씀

대**使** 〔　　　〕 → 다른 나라에 파견되어 외교를 맡아보는,
나라를 대표하는 (심부름꾼)

部품 〔　　　〕 → 기계 따위의 전체 중
어떤 (부분)을 이루고 있는 물품

대**部**분 〔　　　〕 → 절반이 훨씬 넘어
전체에 가까운 (부분)의 수나 양

神동 〔　　　〕 → (신)의 아이라는 뜻으로,
재주가 남달리 특출한 아이

神통 〔　　　〕 → (신기할) 정도로 잘 알거나 잘함

지난 단계에서 배웠던 '牛(반 반)'과 '反(돌이킬 반)'이라는 한자를 알고 있나요?

소를 반으로 가르는
모양을 합한 '반 반'과

牛

산기슭의 무언가를 손으로 뒤집는
모양을 합한 '돌이킬 반'이에요.

反

옆의 단어들에는
'반 반'이 숨어 있고요,

반원　　반숙　　절반　　반신욕

옆의 단어들에는
'돌이킬 반'이 숨어 있어요.

반복　　반성　　반대　　반칙

위의 두 한자에 대한 내용을 읽고, 괄호 안의 흐린 글자를 따라 써 설명을 완성하세요.
그리고 마지막 줄의 단어 '절반'에 숨어 있는 한자가 둘 중 무엇인지 ◯ 하세요.

한자 '牛'과 '反'은 둘 다 '(반)'이라고 읽지만 뜻이 달라요.

단어에 '牛'이 숨어 있으면 '(반, 절반)'의 의미가 있고,

단어에 '反'이 숨어 있으면 '(돌이키다, 어기다)'의 의미가 있어요.

☐　단어 **'절반**(뜻: 하나를 반으로 나눔)'에는 한자 | 牛 | 反 | 이 숨어 있어요.

일상생활

다음 글자를 보고,
떠오르는 단어를 자유롭게 말해 보세요.

1 세로줄의 단어들에 **각각 들어 있는 공통 글자에** ◯ 하세요.

⟨성⟩과
속성
구성원
미완성

⟨성⟩묘
귀성
반성문
성찰

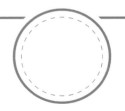

공통 글자를 쓰세요.   공통 글자를 쓰세요.

2 세로줄의 단어들에 **각각 숨어 있는 공통 한자와 공통 뜻에 모두** ◯ 하세요.

 成과

어떤 일을 **이루어** 낸 결과

속**成**

빨리 **이루어짐**

구**成**원

어떤 조직이나 단체를
이루고 있는 사람

미완**成**

아직 완전히 **이루지** 못함

 省묘

주로 설, 추석 등에
조상의 산소를 찾아가서 **살피는** 일

귀**省**

고향을 떠나 있던 사람이
부모를 **살피러** 고향으로 돌아옴

반**省**문

자신의 말이나 행동을 되돌아보면서
잘못을 **깨닫고** 뉘우쳐 쓰는 글

省찰

자기의 마음을 **깨닫고** 자세히 살핌

공통 한자를 따라 쓰세요.

공통 한자를 따라 쓰세요.

成

이루다

성

=

省

살피다, 깨닫다

성

적은 것[**少**]도 자세히 살펴보는[**目**] 모양을 합했어요.

제자 원리: **회의**

부수 省 → 目(눈 목)

※ 이룰 성 ☞ 5단계 152쪽

3 위의 두 한자에 대한 **내용을** 읽고, **괄호 안의 흐린 글자를** 따라 써 설명을 완성하세요.

한자 '**成**'과 '**省**'은 둘 다 '(성)'이라고 읽지만 뜻이 달라요.

단어에 '**成**'이 숨어 있으면 '(이루다)'의 의미가 있고,

단어에 '**省**'이 숨어 있으면 '(살피다, 깨닫다)'의 의미가 있어요.

4 다음 문장에 들어갈 **가장 알맞은 단어에** ○ 하세요.

☐ 아버지는 해마다 **성과** **성묘** 를 가셔서 할아버지의 산소를 정성껏 돌보신다.

☐ 요즈음에는 짧은 기간에 살을 빼는 **속성** **귀성** 다이어트가 유행이다.

☐ 우리 가족 **구성원** **반성문** 은 할머니, 아빠, 언니 그리고 나까지 모두 네 명이다.

☐ 나는 매일 밤 자기 전에 하루를 되돌아보며 나 자신에 대해 **미완성** **성찰** 한다.

5 아래 글을 읽고, 굵게 표시된 6개의 단어 중
'省(살필 성)'이 숨어 있고, '살피다, 깨닫다'의 뜻이 있는 4개의 단어에 ◯ 하세요.

추석 연휴 동안 책을 읽은 뒤, 연휴 마지막 날에 친구들과 독서 모임을 가지기로 했다. 그런데 나는 놀기만 하느라고 책을 읽지 못했고, 써 가기로 했던 감상문도 **미완성**이었다.

나는 가족들과 **성묘**를 하러 가는 **귀성**길에 교통사고가 나서 모임에 못 갈 것 같다고 거짓말을 했다. 그런데 바로 그날 저녁, 모임의 **구성원** 전원이 집으로 병문안을 왔다. 나는 아픈 척 눈을 감고 침대에 누워 있을 수밖에 없었다.

내가 한 일을 **성찰**해 보니 나 자신이 정말 부끄러웠다. 나는 **내성적**이라 먼저 말을 잘 못 하지만 이번 일만큼은 꼭 친구들에게 먼저 솔직하게 얘기하고 용서를 구해야겠다.

오늘 배운 단어 이외에
'省(살필 성)'이 숨어 있는 단어를
생각해 보세요.

기다릴 대

1 세로줄의 단어들에 **각각 들어 있는 공통 글자**에 ◯ 하세요.

(대)체

대역

초대

연대기

공통 글자를 쓰세요.

(대)기

접대

초대

기대감

공통 글자를 쓰세요.

2 세로줄의 단어들에 **각각 숨어 있는 공통 한자와 공통 뜻**에 모두 ○ 하세요.

代체
다른 것으로 대신함

代역
배우가 맡은 역할을
다른 사람이 **대신** 맡아 하는 일

초**代**
어떤 자리나 지위가 이어질 때
그 첫 번째 **차례**

연**代**기
역사적으로 중요한 사건을
지나온 **시대**의 순서대로 적은 기록

공통 한자를 따라 쓰세요.

待기
때나 기회를 기다림

접**待**
손님을 맞아 음식을 차려 **모심**

초**待**
사람을 불러서
예로써 음식을 차려 **모심**

기**待**감
어떤 일이 이루어지기를
바라고 **기다리는** 심정

공통 한자를 따라 쓰세요.

代

대신하다,
시대

대

待 =

기다리다,
모시다*

대

관청[寺]에 걸어가면[彳]
오래 기다린다는
모양을 합했어요.

→ 제자 원리: 회의

부수 待 → 彳(조금걸을 척)

※ 모시다: 윗사람이나 존경하는 이를 가까이에서 받들다

※ 대신할 대 ☞ 3단계 94쪽

3 위의 두 한자에 대한 **내용을** 읽고, **괄호 안의 흐린 글자를** 따라 써 설명을 완성하세요.

> 한자 '**代**'와 '**待**'는 둘 다 '(대)'라고 읽지만 뜻이 달라요.
>
> 단어에 '**代**'가 숨어 있으면 '(대신하다, 시대)'의 의미가 있고,
>
> 단어에 '**待**'가 숨어 있으면 '(기다리다, 모시다)'의 의미가 있어요.

4 다음 문장에 들어갈 **가장 알맞은 단어에** ◯ 하세요.

☐ 은행에 손님이 많아서 업무를 보기까지 | **대체** | **대기** | 시간이 오래 걸렸다.

☐ 주연 배우가 부상을 입는 바람에 부득이하게 | **대역** | **접대** | 배우를 써야 했다.

☐ 우리나라의 | **초代** | **초待** | 대통령은 1948년에 선출되었다.

☐ 그는 시험을 잘 치르고 나서 합격할 것이라는 | **연대기** | **기대감** | 에 부풀었다.

5 아래 글을 읽고, 굵게 표시된 6개의 단어 중
'待(기다릴 대)'가 숨어 있고, '기다리다, 모시다'의 뜻이 있는 4개의 단어에 ◯ 하세요.

어제 짝꿍인 민우가 나를 저녁 식사에 **초대**하고 싶다고 했다. 나는 민우네 집에 가기도 전부터 **기대감**을 품었다. 민우의 할아버지께서는 매일매일 **대기** 손님이 줄을 서는 유명한 중국집의 **주방장**이시기 때문이다.

민우 할머니께서 민우 친구냐며 나를 반갑게 맞아 주셨고, 할아버지께서는 맛있는 요리를 잔뜩 준비해 주셨다. 재치 있는 민우 덕분에 시간 가는 줄도 모르고 **대화**를 나누었다.

할아버지께서는 나에게 계속 **존대**를 하셨는데, 맛있게 먹어 주어서 감사하다고 말씀하셨다. 나는 가기 전에 슬쩍 민우에게, 우리도 할아버지처럼 멋진 어른이 되자고 했다.

오늘 배운 단어 이외에
'待(기다릴 대)'가 숨어 있는 단어를
생각해 보세요.

공부한 날 　 월 　 일

1 세로줄의 단어들에 **각각 들어 있는 공통 글자**에 ◯ 하세요.

우**의**
수의
의식주
호의호식

경**의**
의욕
의식
의기양양

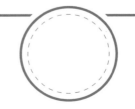

공통 글자를 쓰세요. 　 공통 글자를 쓰세요.

② 세로줄의 단어들에 각각 숨어 있는 **공통 한자**와 **공통 뜻**에 모두 ◯ 하세요.

우**衣**

비에 젖지 않도록 덧입는 **옷**

경**意**

존경하는 **뜻**

수**衣**

감옥에 갇힌 죄수가 입는 **옷**

意욕

무엇을 하고자 하는 적극적인 **마음**

衣식주

옷과 음식과 집
[인간 생활의 세 가지 기본 요소]

意식

어떤 사물에 대해
생각이 미치어 알게 되는 것

호**衣**호식

좋은 **옷**을 입고 좋은 음식을 먹음

意기양양

뜻한 바를 이루어
만족한 마음이 얼굴에 나타난 모양

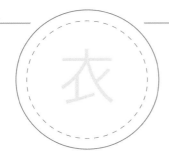

공통 한자를 따라 쓰세요.

공통 한자를 따라 쓰세요.

※ 옷 의 ☞ 3단계 78쪽

3 위의 두 한자에 대한 **내용을** 읽고, **괄호 안의 흐린 글자를** 따라 써 설명을 완성하세요.

한자 '**衣**'와 '**意**'는 둘 다 '(의)'라고 읽지만 뜻이 달라요.

단어에 '**衣**'가 숨어 있으면 '(옷)'의 의미가 있고,

단어에 '**意**'가 숨어 있으면 '(뜻, 마음, 생각)'의 의미가 있어요.

4 다음 문장에 들어갈 **가장 알맞은 단어에** 💬 하세요.

☐ 학문에 대한 지치지 않는 선생님의 열정에 나는 | **우의** | **경의** | 를 표했다.

☐ 그는 미래를 긍정적으로 보고 항상 희망과 | **수의** | **의욕** | 에 차서 살아간다.

☐ 우리 가족은 환경을 보존하려는 | **의식주** | **의식** | 때문에 분리수거를 철저히 한다.

☐ 오빠는 시합에서 이긴 후에 | **호의호식** | **의기양양** | 한 얼굴로 돌아왔다.

5 아래 글을 읽고, 굵게 표시된 6개의 단어 중
'意(뜻 의)'가 숨어 있고, '뜻, 마음, 생각'의 뜻이 있는 4개의 단어에 ⬭ 하세요.

지난여름, 울릉도로 여행을 갔다가 독도까지 보고 싶은
의욕이 생겨 배에 올랐다. 날씨가 흐려 **우의**를 입었지만,
독도에 도착했을 때는 해가 쨍했다. 나는 뙤약볕 아래에서
독도를 지키는 경비대원분께 **경의**를 표하기도 했다.

그런데 얼마 전에, 일본이 사회 교과서에 독도가 일본의
영토라는 주장을 싣기로 했다는 뉴스를 보고 깜짝 놀랐다.
엄연히 독도는 대한민국의 땅인데 말이다.

우리나라는 독도를 제대로 알리기 위해서 여러 노력을
하고 있다. 나도 한국인으로서 독도를 지키기 위한 **의지**를
가지고, **의기양양**하게 외칠 것이다. 독도는 우리 땅!

오늘 배운 단어 이외에
'意(뜻 의)'가 숨어 있는 단어를
생각해 보세요.

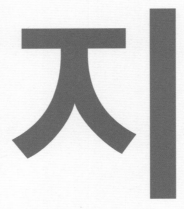

① 세로줄의 단어들에 **각각 들어 있는 공통 글자**에 ◯ 하세요.

습**지**
용**지**
지표면
지평선

공통 글자를 쓰세요.

표**지**
용**지**
은박**지**
일간**지**

공통 글자를 쓰세요.

2 세로줄의 단어들에 **각각 숨어 있는 공통 한자와 공통 뜻에** 모두 ⬭ 하세요.

습**地**

습기가 많은 축축한 땅

용 **地**

어떤 일에 쓰기 위한 **땅**

地표면

땅의 겉면

地평선

평평한 **땅**의 끝과 하늘이
맞닿은 것처럼 보이는 선

공통 한자를 따라 쓰세요.

표**紙**

책의 맨 앞뒤의 겉에 있는 종이

용**紙**

어떤 일에 쓰는 **종이**

은박**紙**

은색의 알루미늄을
종이처럼 얇게 펴 만든 것

일간**紙**

날마다 발행하는 **신문**

공통 한자를 따라 쓰세요.

※ 땅 지 ☞ 5단계 112쪽

3 위의 두 한자에 대한 **내용을** 읽고, **괄호 안의 흐린 글자를** 따라 써 설명을 완성하세요.

> 한자 '**地**'와 '**紙**'는 둘 다 '(지)'라고 읽지만 뜻이 달라요.
>
> 단어에 '**地**'가 숨어 있으면 '(땅)'의 의미가 있고,
>
> 단어에 '**紙**'가 숨어 있으면 '(종이, 신문)'의 의미가 있어요.

4 다음 문장에 들어갈 **가장 알맞은 단어에** ◯ 하세요.

☐ "한자가 어휘력이다"라는 교재는 ┃ **습지** ┃ **표지** ┃ 만 봐도 재미있을 것 같다.

☐ 나는 컴퓨터로 작성한 원고를 출력하려고 프린터에 인쇄 ┃ **용地** ┃ **용紙** ┃ 를 넣었다.

☐ 폭염이 발생하면 ┃ **지표면** ┃ **은박지** ┃ 도 엄청 뜨거워져서 야외 활동을 자제해야 한다.

☐ 시골 할머니 댁에 가면 드넓은 ┃ **지평선** ┃ **일간지** ┃ 너머로 해가 지는 것을 볼 수 있다.

5 아래 글을 읽고, 굵게 표시된 6개의 단어 중
'紙(종이 지)'가 숨어 있고, '종이, 신문'의 뜻이 있는 4개의 단어에 ◯ 하세요.

　　나는 요즘 동영상 보기에 푹 빠져 있다. 보고 싶은 영상을 하나 검색하면, 관련된 영상들이 **자동**으로 줄줄 나와 시간 가는 줄도 모르고 보게 된다. 신문 같은 **일간지**에서 찾아 읽던 정보나, **표지**를 보고 흥미가 생겨서 골라 읽던 책의 내용도, 요즘은 영상 몇 분이면 빠르게 **습득**할 수 있다.

　　그러던 어느 날, 할머니께서 소화제를 찾아 달라 하셔서 약상자를 열고 포장**용지**에 적힌 설명서를 찬찬히 읽는데, 이상하게 잘 읽히지가 않았다. 짧은 문장이었는데도 말이다.

　　그동안 동영상만 보느라 내가 책을 너무 안 읽었나 보다. 오늘은 꼭 책을 읽고, **원고지**에 감상문까지 써 봐야겠다.

오늘 배운 단어 이외에
'紙(종이 지)'가 숨어 있는 단어를
생각해 보세요.

공부한 날   월   일

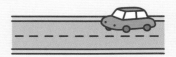

1 세로줄의 단어들에 **각각 들어 있는 공통 글자**에 ◯ 하세요.

연**로**
장**로**
경**로**
불**로**장생

공통 글자를 쓰세요.

통**로**
미**로**
경**로**
가**로**등

공통 글자를 쓰세요.

2 세로줄의 단어들에 각각 숨어 있는 **공통 한자**와 **공통 뜻**에 모두 ○ 하세요.

연**老**

나이가 많음

장**老**

나이가 많고 학문과 덕이 높은 사람

경**老**

노인을 공경함

불**老**장생

늙지 않고 오래 삶

공통 한자를 따라 쓰세요.

통**路**

통하여 다니는 **길**

미**路**

복잡하게 여러 갈래가 있어서
한번 들어가면 빠져나오기 어려운 **길**

경**路**

지나는 **길**

가**路**등

길의 가장자리를 따라
설치해 놓은 등

공통 한자를 따라 쓰세요.

※ 늙을로 ☞ 3단계 34쪽

3 위의 두 한자에 대한 **내용을** 읽고, **괄호 안의 흐린 글자를** 따라 써 설명을 완성하세요.

> 한자 '**老**'와 '**路**'는 둘 다 '(로)'라고 읽지만 뜻이 달라요.
>
> 단어에 '**老**'가 숨어 있으면 '(늙다)'의 의미가 있고,
>
> 단어에 '**路**'가 숨어 있으면 '(길)'의 의미가 있어요.

4 다음 문장에 들어갈 **가장 알맞은 단어에** ○ 하세요.

☐ 할머니는 | **연로** | **통로** | 하셔서 조금만 걸어도 힘들어하셨다.

☐ 그 마을 사람들은 고민이 있을 때마다 | **장로** | **미로** | 할아버지를 찾아가 조언을 구한다.

☐ 동해안은 이번 태풍의 이동 | **경老** | **경路** | 안에 있어 각별한 대비가 요구된다.

☐ 겨울에는 해가 짧아서 길거리의 | **불로장생** | **가로등** | 이 일찍 켜진다.

5 아래 글을 읽고, 굵게 표시된 6개의 단어 중
'路(길 로)'가 숨어 있고, '길'의 뜻이 있는 4개의 단어에 ◯ 하세요.

집으로 향하는 길목, **가로등** 아래에 지갑 하나가 떨어져 있었다. 지갑을 주워서 열어 보니 만 원짜리 **지폐**가 다섯 장이나 들어 있었다. 주위에는 **도로**를 지나다니는 자동차 말고는 아무도 없었다. 갑자기 두근거리기 시작했다.

통로를 벗어나 지갑을 슬쩍 가방에 넣었다. 5만 원으로 살 수 있는 것들이 머릿속에 둥둥 떠올랐는데, 이내 속상해하고 있을 누군가의 모습도 그려졌다. 우리 엄마와 비슷한 나이의 아주머니일 수도, **연로**하신 할아버지일 수도 있다.

나는 곧장 파출소로 가서 주운 지갑을 신고한 다음, 나의 이동 **경로**까지 말씀드렸다. 그제야 마음이 편안해졌다.

오늘 배운 단어 이외에
'路(길 로)'가 숨어 있는 단어를
생각해 보세요.

1 단어에 숨어 있는 한자가 무엇인지, 뜻풀이를 읽고 둘 중 알맞은 한자에 ⌣ 하세요.

속 성
速 (成) 省

빨리 이루어짐

의 식 주
衣 意 食 住

옷과 음식과 집
[인간 생활의
세 가지 기본 요소]

불 로 장 생
不 老 路 長 生

늙지 않고 오래 삶

용 지
用 地 紙

어떤 일에 쓰는 종이

연 대 기
年 代 待 記

역사적으로 중요한 사건을
지나온 **시대**의 순서대로
적은 기록

반 성 문
反 成 省 文

자신의 말이나 행동을
되돌아보면서
잘못을 **깨닫고** 뉘우쳐 쓰는 글

혹시 기억이 나지 않는다면,
앞에서 배운 부분을 다시 한번 찾아보세요.

省 112~115쪽   待 116~119쪽   意 120~123쪽
紙 124~127쪽   路 128~131쪽

❷ 다음 단어들을 한글로 쓰고, 옆의 뜻풀이 중 그 한자의 뜻을 따라 쓰세요.

省찰 ［　　］ → 자신의 마음을 (깨닫고) 자세히 살핌

내**省**적 ［　　］ → 겉으로 드러내지 않고
마음속으로만 (살펴서) 생각하는 것

접**待** ［　　］ → 손님을 맞아 음식을 차려 (모심)

존**待** ［　　］ → 존경하여 받들어 (모심)

意식 ［　　］ → 어떤 사물에 대해
(생각)이 미치어 알게 되는 것

意지 ［　　］ → 어떠한 일을 이루고자 하는 (마음)

은박**紙** ［　　］ → 은색의 알루미늄을 (종이)처럼 얇게 펴 만든 것

원고**紙** ［　　］ → 한 칸에 한 글자씩 쓸 수 있도록
칸이 그려져 있는 (종이)

미**路** ［　　］ → 복잡하게 여러 갈래가 있어서
한번 들어가면 빠져나오기 어려운 (길)

도**路** ［　　］ → 사람이나 차가 잘 다닐 수 있도록 만들어 놓은
비교적 넓은 (길)

지난 단계에서 배웠던 '**正**(바를 정)'과 '**定**(정할 정)'이라는 한자를 알고 있나요?

목적지로 나아가는 발의
모양을 합한 '바를 정'과

正 正

집을 바르게 하려면
모든 자리가 정해져야 한다는
모양을 합한 '정할 정'이에요.

定 定

옆의 단어들에는
'바를 정'이 숨어 있고요,

정말　정확　정직　정각

옆의 단어들에는
'정할 정'이 숨어 있어요.

결정　지정　일정　측정

위의 두 한자에 대한 내용을 읽고, 괄호 안의 흐린 글자를 따라 써 설명을 완성하세요.
그리고 마지막 줄의 단어 '정직'에 숨어 있는 한자가 둘 중 무엇인지 ◯ 하세요.

한자 '**正**'과 '**定**'은 둘 다 '(정)'이라고 읽지만 뜻이 달라요.

단어에 '**正**'이 숨어 있으면 '(바르다, 바로)'의 의미가 있고,

단어에 '**定**'이 숨어 있으면 '(정하다)'의 의미가 있어요.

☐　단어 '**정직**(뜻: 바르고 곧음)'에는 한자 〔 **正** **定** 〕이 숨어 있어요.

6단원

예술

다음 글자를 보고,
떠오르는 단어를 자유롭게 말해 보세요.

1 세로줄의 단어들에 **각각 들어 있는 공통 글자**에 ⭕ 하세요.

근본

근원

근거지

화근

공통 글자를 쓰세요.

근교

원근감

근거리

친근

공통 글자를 쓰세요.

2 세로줄의 단어들에 각각 **숨어 있는 공통 한자와 공통 뜻**에 모두 ◯ 하세요.

根본

풀과 나무의 뿌리
[어떤 것이 원래부터 가지고 있는 바탕]

根원

사물이 비롯되는 **근본**이나 원인

根거지

활동의 **근본**이 되는
중요한 지점으로 삼는 곳

화**根**

불행한 일이 생긴 **근본**

공통 한자를 따라 쓰세요.

近교

도시 바깥쪽을 둘러싸고 있는,
도시와 가까운 변두리 지역

원**近**감

멀고 **가까운** 거리에 대한 느낌

近거리

어느 한 곳에서 다른 곳까지의
가까운 거리

친**近**

사귀어 지내는 사이가 아주 **가까움**

공통 한자를 따라 쓰세요.

※ 뿌리 근 ☞ 5단계 144쪽

3 위의 두 한자에 대한 **내용을** 읽고, **괄호 안의 흐린 글자를** 따라 써 설명을 완성하세요.

한자 '**根**'과 '**近**'은 둘 다 '(근)'이라고 읽지만 뜻이 달라요.

단어에 '**根**'이 숨어 있으면 '(뿌리, 근본)'의 의미가 있고,

단어에 '**近**'이 숨어 있으면 '(가깝다)'의 의미가 있어요.

4 다음 문장에 들어갈 **가장 알맞은 단어에** ◯ 하세요.

☐ 우리 가족은 주말에 | 근본 | 근교 | 의 한적한 곳으로 드라이브를 갔다.

☐ 스트레스는 만병의 | 근원 | 원근감 | 이라 할 정도로 건강에 해롭다.

☐ 대한민국 임시 정부는 중국의 상하이에 독립운동의 | 근거지 | 근거리 | 를 두었다.

☐ 그는 오늘 처음 만난 사람인데도 이상하게 오래 본 듯한 | 화근 | 친근 | 감이 느껴졌다.

5 아래 글을 읽고, 굵게 표시된 6개의 단어 중
'近(가까울 근)'이 숨어 있고, '가깝다'의 뜻이 있는 4개의 단어에 ◯ 하세요.

누나가 **최근**에 빠진 취미가 있다. 선으로 스케치만 되어 있는 그림책에 물감으로 색칠하는 것이다. 그림책에 있는 그림들은 여러 **도시**의 아름다운 경치를 담은 스케치인데, 누나가 완성한 그림들을 보면 정말 **화가**가 그린 것 같다.

평면에 그린 그림인데도, **근거리**에 있는 것은 손에 잡힐 듯 가깝고 멀리 있는 것은 아득하게 보이는 것이 신기했다. 누나는 **원근감**을 표현하기 위해서 앞에 있는 것은 진하게, 뒤에 있는 것은 물을 많이 섞어서 연하게 색칠했다고 한다.

누나에게 이런 재능이 있었다니! **친근**하기만 했던 우리 누나가 갑자기 위대한 사람처럼 보였다.

오늘 배운 단어 이외에
'近(가까울 근)'이 숨어 있는 단어를
생각해 보세요.

2 이야기 화

1 세로줄의 단어들에 **각각 들어 있는 공통 글자**에 ○ 하세요.

화음
화약
조**화**
환경친**화**

공통 글자를 쓰세요.

화제
수**화**
일**화**
우**화**

공통 글자를 쓰세요.

2 세로줄의 단어들에 각각 숨어 있는 **공통 한자**와 **공통 뜻**에 모두 ◯ 하세요.

和음

높이가 다른 둘 이상의 음이
함께 **어울리는** 소리

和약

사이좋게 지내자는 약속

조**和**

서로 **잘 어울림**

환경친**和**

자연환경을 오염하지 않고
자연 그대로의 환경과 **잘 어울리는** 일

공통 한자를 따라 쓰세요.

話제

이야기할 만한 재료나 소재

수**話**

청각 장애가 있는 사람들 사이에서,
손으로 **이야기**를 하는 방법

일**話**

세상에 널리 알려지지 않은
흥미로운 **이야기**

우**話**

동식물 등을 주인공으로 하여
인간 사회를 풍자하는 **이야기**

공통 한자를 따라 쓰세요.

※ 화할 화 ☞ 5단계 80쪽

3 위의 두 한자에 대한 **내용을** 읽고, **괄호 안의 흐린 글자를** 따라 써 설명을 완성하세요.

한자 '**和**'와 '**話**'는 둘 다 '(화)'라고 읽지만 뜻이 달라요.

단어에 '**和**'가 숨어 있으면 '(화하다, 사이좋다)'의 의미가 있고,

단어에 '**話**'가 숨어 있으면 '(이야기)'의 의미가 있어요.

4 다음 문장에 들어갈 **가장 알맞은 단어에** ◯ 하세요.

☐ 나는 한 축구 경기에서 다섯 골을 넣어 학교에서 | **화음** | **화제** | 의 주인공이 되었다.

☐ 나는 청각 장애인 친구와 이야기를 하고 싶어서 | **화약** | **수화** | 언어를 배웠다.

☐ 할머니께서는 젊은 시절에 겪으셨던 재미있는 | **조화** | **일화** | 들을 자주 들려주셨다.

☐ 그 집은 쓰레기를 재활용한 건축 자재를 사용해 | **환경친화** | **우화** | 적으로 지어졌다.

5 아래 글을 읽고, 굵게 표시된 6개의 단어 중
'話(이야기 화)'가 숨어 있고, '이야기'의 뜻이 있는 4개의 단어에 ◯ 하세요.

친구들과 **대화**를 하다가 '책'이 **화제**에 올랐다. 나는 어제 두루미와 여우가 각자 자기만 먹을 수 있는 모양의 그릇으로 서로를 **대접**하는 이야기를 읽었는데, 동물이 나와서 흥미롭긴 했지만 무슨 내용인지 잘 모르겠다고 했다.

그러자 우리 반의 독서왕인 연서가 말하길, 동물 **우화**는 있는 그대로만 읽기보다는 글쓴이가 이야기 속에 숨겨 놓은 교훈을 **파악**하면서 읽어야 한다고 했다.

함께 말해 보니 그 이야기는 단순히 동물들이 식사하는 **일화**가 아니라, 상대를 배려하지 않고 자기 입장만 생각하는 사람들을 동물에 빗대어 풍자한 내용임을 알 수 있었다.

오늘 배운 단어 이외에
'話(이야기 화)'가 숨어 있는 단어를
생각해 보세요.

3

아이 동

① 세로줄의 단어들에 **각각 들어 있는 공통 글자**에 ⭕ 하세요.

(동)족
동시
동화
동맹

공통 글자를 쓰세요.

(동)요
동시
동화
동심

공통 글자를 쓰세요.

2 세로줄의 단어들에 **각각 숨어 있는 공통 한자와 공통 뜻에** 모두 ⭕ 하세요.

同족

같은 핏줄을 이어받은 민족

同시

같은 때나 시기

同화

서로 닮게 되어
성질이나 형식 등이 **같아짐**

同맹

둘 이상의 개인이나 나라 등이
같이 행동하기로 맹세하여 맺는 약속

童요

어린이의 마음에 맞추어 만든 노래

童시

어린이의 마음에 맞추어 쓴 시

童화

어린이를 위하여 지은 이야기

童심

어린아이의 마음

공통 한자를 따라 쓰세요.

공통 한자를 따라 쓰세요.

모양 同 | 童   童

뜻 한가지   아이   동네[**里**]에 서서[**立**] 노는 어린아이의 모양을 합했어요.

소리 동 = 동   → 제자 원리: 회의

부수 **童** → **立** (설립)

※ 한가지 동 ☞ 4단계 18쪽

③ 위의 두 한자에 대한 **내용을** 읽고, **괄호 안의 흐린 글자를** 따라 써 설명을 완성하세요.

한자 '**同**'과 '**童**'은 둘 다 '(동)'이라고 읽지만 뜻이 달라요.

단어에 '**同**'이 숨어 있으면 '(한가지)'의 의미가 있고,

단어에 '**童**'이 숨어 있으면 '(아이)'의 의미가 있어요.

④ 다음 문장에 들어갈 **가장 알맞은 단어에** ○ 하세요.

☐ 그 전쟁은 | **동족** | **동요** | 사이에 일어난 전쟁이어서 더욱 안타까웠다.

☐ 고궁에서 | **同시** | **童시** | 짓기 대회가 열려 많은 어린이들이 솜씨를 뽐냈다.

☐ 오래 같이 산 부부들은 서로 | **同화** | **童화** | 되어 행동이나 외모가 닮아 있다.

☐ 삼촌은 모처럼 | **동맹** | **동심** | 으로 돌아가 나와 함께 눈싸움을 하며 신나게 놀았다.

5 아래 글을 읽고, 굵게 표시된 6개의 단어 중
'童(아이 동)'이 숨어 있고, '아이'의 뜻이 있는 4개의 단어에 ◯ 하세요.

동화 작가를 준비 중인 이모께서 첫 작품을 완성했다며 나에게 달려오셨다. 진정한 **동심**이 잘 느껴지는지 나에게 판단해 달라고 하셨다. 나는 설레는 마음으로 읽어 보았다.

'그 비밀 결사는 내전이라는 **동족**상잔의 참극을 겪은 후 민족 분열이 격화된 시점에 정비된 최후의 조직이었다.'

"이모? 첫 문장부터 무슨 말인지 하나도 모르겠어요."

"우리나라의 1950년 6·25 전쟁 직후를 배경으로 잡았어. 처음부터 흥미진진하지 않니? 아이들과 **동화**되고 싶은 마음에 이거 쓰는 동안 매일 **동요**만 들으면서 잤어."

음, 이모는 **아동**의 마음을 몰라도 너무 모르는 것 같다.

오늘 배운 단어 이외에
'童(아이 동)'이 숨어 있는 단어를
생각해 보세요.

① 세로줄의 단어들에 **각각 들어 있는 공통 글자에** ◯ 하세요.

공통 글자를 쓰세요.   공통 글자를 쓰세요.

2 세로줄의 단어들에 각각 숨어 있는 공통 한자와 공통 뜻에 모두 ○ 하세요.

長화

목이 길게 올라오는 신

시**長**

지방 행정 구역인
시를 다스리는 **최고 책임자**

선**長**

배의 항해를 담당하고
선원들을 감독하는 **최고 책임자**

십**長**생

오래도록 살고 죽지 않는다는 열 가지

場면

어떤 장소에서
겉으로 드러난 면이나 벌어진 광경

시**場**

여러 가지 상품을 사고파는
일정한 **장소**

광**場**

많은 사람이 모일 수 있는 넓은 **곳**

백사**場**

강가나 바닷가의
흰모래가 깔려 있는 **곳**

공통 한자를 따라 쓰세요.

공통 한자를 따라 쓰세요.

모양

뜻

소리

長
길다,
우두머리 *

장

=

場
마당,
장소, 곳

장

햇볕[昜]이 내리쬐는
드넓은 땅[土]의
모양을 합했어요.

↳ 제자 원리: 회의

부수 **場** → **土**(흙토)

＊ 우두머리: 어떤 일이나 단체에서 으뜸인 사람

※ 길 장 ☞ 4단계 34쪽

3 위의 두 한자에 대한 **내용**을 읽고, **괄호 안의 흐린 글자**를 따라 써 설명을 완성하세요.

한자 '**長**'과 '**場**'은 둘 다 '(장)'이라고 읽지만 뜻이 달라요.

단어에 '**長**'이 숨어 있으면 '(길다, 우두머리)'의 의미가 있고,

단어에 '**場**'이 숨어 있으면 '(마당, 장소, 곳)'의 의미가 있어요.

4 다음 문장에 들어갈 **가장 알맞은 단어에** ◯ 하세요.

☐ 새해 첫날 지평선 위로 해가 떠오르는 보기 장화 장면 에 가슴이 설렜다.

☐ 이번에 뽑힌 시長 시場 은 시민들이 바라는 것들을 잘 알고 있다.

☐ 대학생 10만 명이 서울역 선장 광장 에 모여 시위를 벌이고 있다.

☐ 불로장생을 상징하는 십장생 백사장 은 고구려 시대의 벽화에서도 발견되었다.

5 아래 글을 읽고, 굵게 표시된 6개의 단어 중
'場(마당 장)'이 숨어 있고, '마당, 장소, 곳'의 뜻이 있는 **4개의 단어**에 ◯ 하세요.

아버지와 함께 미술 **전시장**에 갔다. 입구의 **광장**부터 많은 사람이 모여 있었다. 안에는 다양한 자연물이 조화를 이루고 있는 **장면**이 그려져 있는 커다란 병풍이 있었다.

자연의 아름다움이 잘 드러나는 것 같다고 감탄했더니, 아버지께서는 그림 안에 어떤 것들이 있는지 한번 자세하게 살펴보라고 하셨다. 병풍에는 해, 산, 물, 돌, 구름, 소나무, 거북, 학, 사슴, 그리고 어떤 풀이 그려져 있었다.

아버지께서, 그 풀은 '**불로초**'인데 상상 속의 식물이라 **시장**에서는 살 수 없다고 하셨다. 옛날에는 오래 사는 이 열 가지를 그리며, 건강하게 **장수**하기를 기원했다고 한다.

오늘 배운 단어 이외에
'場(마당 장)'이 숨어 있는 단어를
생각해 보세요.

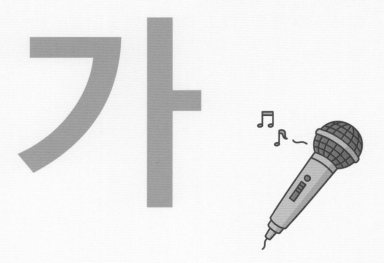

1 세로줄의 단어들에 **각각 들어 있는 공통 글자**에 ⭕ 하세요.

(가)훈	(가)수
귀가	교가
가사	가사
국가	애국가

공통 글자를 쓰세요.   공통 글자를 쓰세요.

② 세로줄의 단어들에 각각 숨어 있는 **공통 한자**와 **공통 뜻**에 모두 ⚪ 하세요.

家훈
집안의 어른이
자손들에게 일러 주는 가르침

歌수
노래 부르는 것이 직업인 사람

귀**家**
집으로 돌아가거나 돌아옴

교**歌**
학교를 상징하는 **노래**

家사
집안 살림살이에 관한 일

歌사
노래에 붙여 부르는 말

국**家**
일정한 땅과 거기에 사는 사람들이 있고,
스스로 뜻을 결정하는 권리를 가진 **집단**

애국**歌**
나라를 사랑하는 뜻으로
온 국민이 부르는 **노래**

공통 한자를 따라 쓰세요.

공통 한자를 따라 쓰세요.

<table>
<tr><td>모양</td><td>家</td><td>歌</td></tr>
<tr><td>뜻</td><td>집</td><td>노래</td></tr>
<tr><td>소리</td><td>가</td><td>= 가</td></tr>
</table>

하품[欠]하듯 입을 벌리고
노래[哥]하는
모양을 합했어요.

└→ 제자 원리: 회의

부수 歌 → 欠 (하품 흠)

※ 집 가 ☞ 3단계 10쪽

③ 위의 두 한자에 대한 **내용을** 읽고, **괄호 안의 흐린 글자를** 따라 써 설명을 완성하세요.

한자 '**家**'와 '**歌**'는 둘 다 '(가)'라고 읽지만 뜻이 달라요.

단어에 '**家**'가 숨어 있으면 '(집)'의 의미가 있고,

단어에 '**歌**'가 숨어 있으면 '(노래)'의 의미가 있어요.

④ 다음 문장에 들어갈 **가장 알맞은 단어에** ◯ 하세요.

☐ 　가훈　가수　 만들기 숙제를 드렸더니, 아버지께서는 '정직'이라고 적으셨다.

☐ 나는 졸업식 날에 이제는 마지막이라는 생각으로 열심히 　귀가　교가　를 불렀다.

☐ 다양한 가전제품이 개발되어 　家사　歌사　 노동을 덜 수 있게 되었다고 한다.

☐ 남북한이 통일되어 하나의 　국가　애국가　를 이룬다면 더 크게 발전할 것이다.

5 아래 글을 읽고, 굵게 표시된 6개의 단어 중
'歌(노래 가)'가 숨어 있고, '노래'의 뜻이 있는 4개의 단어에 ○ 하세요.

우리 지역에서 **가정**의 달을 맞이해 '가족 노래 자랑'이
열린다는 현수막이 걸렸다. 온 국민이 알고 있는 **애국가**의
가사를 가족에 대한 내용으로 바꿔서 부르는 대회였다.

우리 가족은 '건강이 제일'이라는 **가훈**이 잘 드러나도록
머리를 맞대고 개사한 뒤, 매일 노래 연습을 했다. **가수**에
버금가는 노래 실력을 가진 오빠가 연습을 주도했다.

가창력이 뛰어난 가족들이 많이 참가하는 바람에 우리
가족은 입상하지 못했다. 하지만 매일 저녁에 다 함께 모여
손을 잡고 우리 가족의 이야기가 담긴 노래를 불렀던 일을
생각하면, 포근한 기분이 들고 마음이 든든해진다.

오늘 배운 단어 이외에
'歌(노래 가)'가 숨어 있는 단어를
생각해 보세요.

① 단어에 숨어 있는 한자가 무엇인지, 뜻풀이를 읽고 둘 중 알맞은 한자에 ◯ 하세요.

화   음

(和) 話 音

높이가 다른 둘 이상의 음이
함께 **어울리는** 소리

동   심

同 童 心

어린아이의 마음

근   본

根 近 本

풀과 나무의 **뿌리**
[어떤 것이 원래부터
가지고 있는 바탕]

십 장 생

十 長 場 生

오래도록 살고
죽지 않는다는 열 가지

교   가

校 家 歌

학교를 상징하는 **노래**

수   화

手 和 話

청각 장애가 있는
사람들 사이에서,
손으로 **이야기**를 하는 방법

혹시 기억이 나지 않는다면,
앞에서 배운 부분을 다시 한번 찾아보세요.

近 136~139쪽   話 140~143쪽   童 144~147쪽
場 148~151쪽   歌 152~155쪽

2 다음 단어들을 한글로 쓰고, 옆의 뜻풀이 중 그 한자의 뜻을 따라 쓰세요.

近교 [　　　] → 도시 바깥쪽을 둘러싸고 있는,
도시와 (가까운) 변두리 지역

최近 [　　　] → 얼마 되지 않아 가장 (가까운) 기간

話제 [　　　] → (이야기)할 만한 재료나 소재

대話 [　　　] → 마주 대하여 (이야기)를 주고받음

童시 [　　　] → (어린이)의 마음에 맞추어 쓴 시

아童 [　　　] → 나이가 적은 (아이)

백사場 [　　　] → 강가나 바닷가의 흰모래가 깔려 있는 (곳)

전시場 [　　　] → 여러 가지 물품을 차려 놓고
찾아온 사람들에게 보여 주는 (곳)

교歌 [　　　] → 학교를 상징하는 (노래)

歌창력 [　　　] → (노래)를 부르는 능력

지난 단계에서 배웠던 '才(재주 재)'와 '在(있을 재)'라는 한자를 알고 있나요?

나무가 될 가능성을 가진 새싹의
모양인 '재주 재'와

才 才

흙에 새싹이 있는
모양을 합한 '있을 재'예요.

在 在

옆의 단어들에는
'재주 재'가 숨어 있고요,

재능   재치   천재   영재

옆의 단어들에는
'있을 재'가 숨어 있어요.

존재   내재   현재   부재중

위의 두 한자에 대한 내용을 읽고, 괄호 안의 흐린 글자를 따라 써 설명을 완성하세요.
그리고 마지막 줄의 단어 '재능'에 숨어 있는 한자가 둘 중 무엇인지 ○ 하세요.

한자 '才'와 '在'는 둘 다 '(재)'라고 읽지만 뜻이 달라요.

단어에 '才'가 숨어 있으면 '(재주를 가진 사람)'의 의미가 있고,

단어에 '在'가 숨어 있으면 '(있다, 존재하다)'의 의미가 있어요.

☐   단어 '**재능**'(뜻: 재주와 능력)에는 한자 才 在 가 숨어 있어요.

초등 국어 | 교과서 속 한자로 어휘력을 키우는
공부력 향상 프로그램

한 자 가 어 휘 력 이 다

정답 다운로드

정답

6
단계

1. 각각 각

各

4
직각	각종
예각	각지
둔각	각국
다각형	각계각층

(직각, 각지, 각국, 각계각층 동그라미)

5 각종, 각지, 각각, 각국

각별 각자 각기 제각각 각방

2. 집 실

室

4
실격	실외
실례	실온
실업자	교실
실종자	온실

(실격, 실온, 실업자, 온실 동그라미)

5 교실, 실내, 실온, 온실

냉동실 휴게실 교무실 미용실 오락실

3. 사라질 소

消

4
小식	消식
소포	소독
소규모	소비자
축소	해소

(小식, 소포, 소비자, 해소 동그라미)

5 소식(앞엣것), 소독, 소화, 해소

취소 소멸 소화기 소모 소방차

4. 무거울 중

重

4
중계	체중계
식중독	거중기
중단	중복
십중팔구	중의성

(중계, 식중독, 중단, 십중팔구 동그라미)

5 거중기, 체중계, 비중, 중복

이중 편중 중노동 다중 중력 소중

5. 번개 전

電

④
(줄원)	電源
전멸	(전동)
(건전)	건전지
(안전모)	충전기

⑤ 전동, 건전지, 충전기, 전선

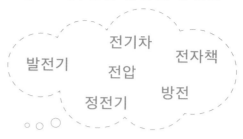

발전기 　전기차 　전자책 　전압 　정전기 　방전

---

❶

어휘력 강화하기 1

소　식
(小) 消

실　외	안　전　모
失 (室)	(全) 電

십 중 팔 구	각　지
(中) 重	角 (各)

❷

各국	각국
各各	각각

교室	교실
室내	실내

消비자	소비자
消화	소화

重의성	중의성
비重	비중

電원	전원
電선	전선

배운 한자 엮기

단어 '**한식**'에는 한자 (食) 式 이 숨어 있어요.

1. 목숨 명

命

④

증명	인명
현명	치명
행방불명	구명조끼
성명	어명

⑤ 명령, 인명, 치명, 구명조끼

혁명
명명   수명   명중
생명   운명

2. 때 시

時

④

장시	장시간
대도시	실시간
시가	시급
시중	임시

⑤ 즉시, 시급, 장시간, 실시간

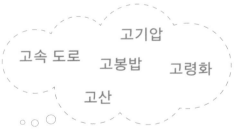

시속   시대
당시   일시적
시간표   시기

3. 높을 고

高

④

고분	고온
고고학	고랭지
복고풍	초고속
최古	최高

⑤ 최고, 고랭지, 고온, 고원

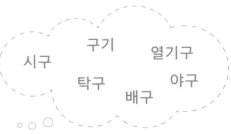

고기압
고속 도로   고봉밥   고령화
고산

4. 공 구

球

④

구별	축구
구청	안구
관광특구	전구
지구	지구본

⑤ 지구본, 농구, 안구, 전구

구기   열기구
시구
탁구   야구
배구

5. 들을 문

聞

④

의문	(소문)
고문	(견문)
(신問)	신聞
(문안)	청문회

⑤ 신문, 견문, 소문, 수소문

신문지　신문사

신문고

전대미문　풍문

○ ○ ○ ○

①

어휘력 강화하기 2

초 고 속
古 (高)

구 별
(區) 球

문 안
(問) 聞

장 시 간
市 (時)

인 명
明 (命)

②

어命	어명
命령	명령
임時	임시
즉時	즉시
高온	고온
高원	고원
축球	축구
농球	농구
청聞회	청문회
수소聞	수소문

배운 한자 엮기

단어 '행복'에는 한자 行 (幸) 이 숨어 있어요.

1. 공로 공

功

④
(공활)	공로
공백	(공적)
(공상)	성공
(진공 포장)	형설지공

⑤ 공로, 형설지공, 성공, 공덕

공명　　공신　　공로상
은공　　유공자

2. 놓을 방

放

④
(방위)	방학
일방적	(방치)
(방식)	방출
(처방)	개방

⑤ 방학, 방출, 개방, 방목

방영　　방사선　　방송국
방화　　추방
방전

3. 과목 과

科

④
果目	(科目)
(효과음)	교과서
(성과)	안과
(인과응보)	백과사전

⑤ 과목, 교과서, 백과사전, 과학

교과목　　소아과　　학과
문과　　실과

4. 학교 교

校

④
(효감)	校감
(교역)	교시
외교	(모교)
교체	(교정)

⑤ 교시, 교내, 교감, 교정

교가
교단　교복　등교　교장
하교　본교

5. 새 신

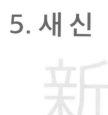

4

(신념)	신종
信임	(新임)
(신뢰도)	신선도
미신	(혁신)

5 최신식, 신종, 신선도, 혁신

신제품　신대륙　신석기
신도시　신소재
신기록

어휘력 강화하기 3

1

모　교
交(校)

신　임
信(新)

성　과
(果)科

방　출
方(放)

성　공
空(功)

2

功적　| 공적
功덕　| 공덕

放치　| 방치
放목　| 방목

안科　| 안과
科학　| 과학

校정　| 교정
校내　| 교내

혁新　| 혁신
최新식 | 최신식

배운 한자 엮기

단어 '금고'에는 한자 (金)今 이 숨어 있어요.

1. 모일 사

社

④
사형	사회⃝
필사적	사교적⃝
死장⃝	社장
결死	결社⃝

⑤ 결사, 회사, 사장, 사회

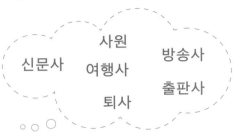

신문사　사원　여행사　방송사　출판사　퇴사

2. 사람 자

者

④
자습	보행자⃝
자취⃝	주동자
자존심	선구자⃝
자립심⃝	동반자

⑤ 동반자, 참가자, 주동자, 선구자

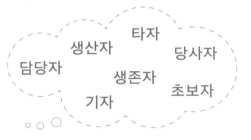

담당자　생산자　타자　당사자　생존자　기자　초보자

3. 부릴 사

使

④
행事	행使⃝
사건⃝	사용
사항⃝	사신
시사성⃝	사명감

⑤ 사신, 사용, 사명감, 대사

혹사　천사　저승사자　대사관　사또　특사

4. 떼 부

部

④
부정	부분⃝
부당⃝	부품
不족	部족⃝
부동⃝	본부

⑤ 부족, 본부, 부분, 대부분

내부　부하　하부　외부인　부위　상부　군부대

5. 귀신 신

④

(신장)	신화
신분	(신동)
(은신처)	수호신
(만신창이)	신격화

⑤ 신통, 신화, 신격화, 수호신

귀신　조상신　산신령
정신　신경
여신

어휘력 강화하기 4

①

사　장
死 (社)

자 립 심
(自) 者

신　분
(身) 神

사　용
事 (使)

본　부
不 (部)

②

社교적	사교적
회**社**	회사
보행**者**	보행자
참가**者**	참가자
행**使**	행사
대**使**	대사
部품	부품
대**部**분	대부분
神동	신동
神통	신통

배운 한자 엮기

단어 '**절반**'에는 한자 (半) 反 이 숨어 있어요.

1. 살필 성

省

④
성과	(성묘)
(속성)	귀성
(구성원)	반성문
미완성	(성찰)

⑤ 성묘, 귀성, 성찰, 내성적

인사불성
귀성객
성묘객
자기반성

2. 기다릴 대

待

④
대체	(대기)
(대역)	접대
(초代)	초待
연대기	(기대감)

⑤ 초대, 기대감, 대기, 존대

대합실
대우   대피소   천대
우대   푸대접

3. 뜻 의

意

④
우의	(경의)
수의	(의욕)
의식주	(의식)
호의호식	(의기양양)

⑤ 의욕, 경의, 의지, 의기양양

부주의
유의점   의사소통   의도
의미   고의

4. 종이 지

紙

④
습지	(표지)
용地	(용紙)
(지표면)	은박지
(지평선)	일간지

⑤ 일간지, 표지, 용지, 원고지

벽지
도배지   지갑
지폐   휴지통
한지   봉지

5. 길 로

路

④
연로	통로
장로	미로
경老	경路
불로장생	가로등

⑤ 가로등, 도로, 통로, 경로

산책로
대로　등산로　　철로
육로　　노선도

어휘력 강화하기 5

①

의 식 주
衣 意

불 로 장 생
老 路

연 대 기
代 待

용 지
地 紙

반 성 문
成 省

②

| 省찰 | 성찰 |
| 내省적 | 내성적 |

| 접待 | 접대 |
| 존待 | 존대 |

| 意식 | 의식 |
| 意지 | 의지 |

| 은박紙 | 은박지 |
| 원고紙 | 원고지 |

| 미路 | 미로 |
| 도路 | 도로 |

배운 한자 엮기

단어 '**정직**'에는 한자 正 定 이 숨어 있어요.

1. 가까울 근

近

④

근본	(근교)
(근원)	원근감
(근거지)	근거리
화근	(친근)

⑤ 최근, 근거리, 원근감, 친근

접근성　근대화　근래　인근　근시

2. 이야기 화

話

④

화음	(화제)
화약	(수화)
조화	(일화)
(환경친화)	우화

⑤ 대화, 화제, 우화, 일화

전화　통화　화자　동화　신화

3. 아이 동

童

④

(동족)	동요
同시	(童시)
(同화)	童화
동맹	(동심)

⑤ 동화(앞엣것), 동심, 동요, 아동

목동　학동　동자승　악동　동안　신동

4. 마당 장

場

④

장화	(장면)
(시長)	시場
선장	(광장)
(십장생)	백사장

⑤ 전시장, 광장, 장면, 시장

장소　해수욕장　경기장　정거장　퇴장　극장　공장

5. 노래 가

歌

④
(가훈)	가수
귀가	(교가)
(家사)	歌사
(국가)	애국가

⑤ 애국가, 가사, 가수, 가창력

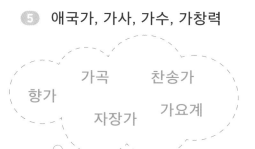

향가　가곡　찬송가
자장가　가요계

어휘력 강화하기 6

❶

동　심
同 (童)

근　본
(根) 近

십　장　생
(長) 場

교　가
家 (歌)

수　화
和 (話)

❷

近교	근교
최近	최근
話제	화제
대話	대화
童시	동시
아童	아동
백사場	백사장
전시場	전시장
교歌	교가
歌창력	가창력

배운 한자 엮기

단어 '**재능**'에는 한자 (才) 在 가 숨어 있어요.

한자 색인

음으로 찾기 (192字)

各 室 消 重 雲

命 時 高 球 門

功 放 科 校 新

社 者 使 部 神

省 待 意 紙 路

近 話 童 場 歌

各	室	消	重	電
각각 각	집 실	사라질 소	무거울 중	번개 전
命	時	高	球	聞
목숨 명	때 시	높을 고	공 구	들을 문
功	放	科	校	新
공로 공	놓을 방	과목 과	학교 교	새 신
社	者	使	部	神
모일 사	사람 자	부릴 사	떼 부	귀신 신
省	待	意	紙	路
살필 성	기다릴 대	뜻 의	종이 지	길 로
近	話	童	場	歌
가까울 근	이야기 화	아이 동	마당 장	노래 가